Pasión por Jesús

Mike Bickle

CASA
CREACIÓN
A STRANG COMPANY

Pasión por Jesús por Mike Bickle
Publicado por Casa Creación
600 Rinehart Road
Lake Mary, Florida 32746
www.casacreacion.com

A menos que se indique de otra manera, todos las citas
de las Escrituras son tomadas de la versión bíblica Reina-Valera,
revisión 1960. © Sociedades Bíblicas Unidas, 1960.

La primera edición del presente libro fue publicada
bajo el título *Passion for Jesus*, © 1993 Creation House.

ISBN: 0-88419-706-9

6789 BP 7654

Impreso en los Estados Unidos de América

En primer lugar, dedico este libro a los numerosos miembros fieles de Metro Christian Fellowship, en Kansas City, cuya pasión por Jesús me ha fortalecido el corazón a lo largo de muchos años. Su amistad ha sido refrescante con frecuencia y realmente, ha hecho que mi vida sea distinta.

En segundo lugar, le quiero expresar mi más profundo reconocimiento y gratitud a John Wimber, quien se encuentra en la presencia de Dios.
Mi deuda con John por haberme guiado de una manera tan tiernamente paternal es inmensa.
Le pido a Dios que levante mil padres espirituales como él fue, cuya humildad y cuya pasión por Jesús sirvan de contexto parra que muchos crezcan poderosamente en la gracia de Dios.

En tercer lugar, Le entrego este libro a todos los voluntarios y amigos de la Casa Internacional de Oración
Apenas hemos comenzado a ver lo que El Señor hará entre nosotros.

RECONOCIMIENTOS

En primer lugar, quiero expresar mi más profundo reconocimiento a Joseph y Susan Van Leeuwen, por las muchas horas de laborioso esfuerzo que trabajaron en la computadora. Bienaventurados estos siervos de Jesús que con toda seguridad van a ser llamados grandes en el reino.

También les quiero dar muchas gracias a Judy Doyle y Walter Walker, cuya valiosa capacidad como escritores y profunda comprensión han moldeado este libro de una manera significativa. Es una delicia trabajar con gente tan bien dotada y, al mismo tiempo, tan humilde.

Gracias a Stephen "Esteban" Strang, quien fue el primero en tener la visión de un libro que se centrara en inspirar la pasión por Jesús en el corazón de las personas. Me siento agradecido por los encantadores momentos de comunión que he tenido con él acerca de este tema, y que han tenido como resultado la dirección en que ha sido escrito este libro.

Y por último, pero no menos importante, gracias a Tessie Güell de DeVore y todo el equipo de Casa Creación—son una bendición para el pueblo latino.

ÍNDICE

INTRODUCCIÓN: UN DIOS AMOROSO 9

1 LAS RAÍCES DEL CELO HUMANO. 13

2 CUANDO EL CELO HUMANO NO BASTA 29

3 ¿ES DEMASIADO PEQUEÑO SU DIOS? 41

4 DEL CONOCIMIENTO ÍNTIMO
   AL AMOR APASIONADO 56

5 "HONRAD AL HIJO,
   PARA QUE NO SE ENOJE" 67

6 FORTALEZAS EN LA MENTE 79

7 CÓMO ENCENDER LA PASIÓN SANTA 94

8 FERVIENTE, PERO INMADURO 105

9 EL HUERTO SECRETO 119

10 EL CONOCIMIENTO DE DIOS HASTA
   LOS CONFINES DE LA TIERRA. 131

11 LAS BENDICIONES DE LA INTIMIDAD 140

12 CONTEMPLAR EL TRONO DE DIOS 153

13 UNA DÉBIL CONTEMPLACIÓN DE LA GLORIA . . . 169

14 GASTAR LA VIDA EN JESÚS 182

NOTAS 195

Un Dios amoroso

Nadie puede tener un encuentro cara a cara con lo que es Dios, y seguir siendo el mismo. Contemplar su verdadera imagen es algo que toca lo más profundo de nuestro temperamento, llevándonos a la integridad y la madurez espiritual. Contemplar la gloria de quien Él es y lo que ha hecho es algo que nos renueva la mente, nos fortalece y nos transforma.

En Juan 8:32, Jesús nos dice que conoceremos la verdad, y la verdad nos hará libres. Ansiamos ser libres, tanto emocional como espiritualmente. Sin embargo, Jesús dice que la libertad viene con el conocimiento de la verdad. Y debemos comenzar donde Él nos dijo que comencemos.

Puesto que el conocimiento de la verdad es lo que nos hace libres, entonces lo que sepamos tendrá un gran impacto sobre nuestra constitución emocional. Es decir, que a nuestras emociones se llega a través de nuestra mente.

¿Qué verdades necesitamos conocer para ser libres?

En primer lugar, la más importante de todas: ¿Quién es Dios? ¿Cómo es Él? ¿Qué clase de personalidad tiene? Nuestras ideas acerca de Dios—quién es Él y cómo es—nos viene de manera natural a través de nuestra relación con las personas en autoridad aquí en la tierra. Cuando esas relaciones están distorsionadas, también lo están nuestras ideas acerca de Dios.

Creo que el mayor de los problemas de la iglesia es que tenemos una idea totalmente inadecuada y distorsionada acerca del corazón de Dios. Podremos experimentar una renovación y una libertad a corto plazo por medio de la oración y el ministerio. Sin embargo, para lograr una renovación y una libertad a largo plazo, debemos cambiar nuestras ideas acerca de quién es Dios.

En su pensamiento más íntimo, ¿cómo cree usted que es la personalidad de Dios? Todo su futuro espiritual está relacionado con la forma en que responda esta pregunta en el secreto de su corazón, porque las ideas inexactas acerca de Dios tienen un impacto emocional negativo en nosotros.

Por ejemplo, si usted es un creyente sincero, y tropieza en un pecado sexual, siente que se le quebranta el corazón y clama a Dios. Ahora bien, ¿qué siente Él con respecto a usted en esos momentos?

La segunda verdad que necesitamos conocer para ser libres es quiénes somos en Dios.

Ambas verdades son básicas para que podamos llevar una vida plena y completa. Pero aquí quiero centrarme en la verdad de quién es Dios.

Dios satisface el hambre de nuestro corazón cuando se nos revela. Cuando tengamos un encuentro con la santidad y el poder increíbles de su personalidad, tendremos el poder necesario para vencer las tentaciones.

Dios mismo va a sanar nuestras heridas emocionales y va a hacer que desaparezcan las cicatrices. Él enciende en nosotros un afecto santo y apasionado en busca de una comprensión mayor de las excelencias, perfecciones y pasiones divinas del Señor Jesucristo.

La revelación del verdadero conocimiento de nuestro Rey tiene capacidad para renovar al cuerpo de Cristo de dentro hacia fuera. Hay cuatro elementos clave del Evangelio que llevan a los creyentes a esta revelación.

1. Quién es Dios

2. Qué ha hecho Él

3. Qué podemos recibir nosotros

4. Qué debemos hacer

La iglesia suele insistir sobre todo en los tres puntos últimos: lo que Dios ha hecho por nosotros en Cristo; el perdón y la herencia que recibimos como hijos adoptivos, y lo que debemos hacer para recibirlos y caminar en ellos. Necesitamos seguir predicando estas cosas con toda fidelidad. Sin embargo, el elemento básico—quién es Dios—se halla trágicamente ausente en nuestros mensajes.

En esta hora, la gran necesidad es que haya diez mil predicadores y maestros que se sientan consumir con el carácter y la personalidad de Dios. No estoy abogando por el desequilibrio, pero el verdadero conocimiento de Dios es el que hace que el resto del mensaje sea tan significativo. Una iglesia que haya perdido el conocimiento de la increíble personalidad de Dios, va a ser superficial, aburrida y carente de pasión.

Este libro no está repleto de fórmulas al estilo de "cómo alcanzar un cristianismo apasionado en diez pasos fáciles". En lugar de este tipo de cosas, tiene que ver con la poderosa y concreta conexión existente entre conocer la verdad acerca de Dios y experimentar afecto y pasión por Él en nuestro corazón. La revelación del apasionado amor y afecto de Dios por nosotros es la que despierta unos sentimientos cada vez más profundos de amor y pasión por Él. Sencillamente, lo amamos porque Él nos amó primero (1 Juan 4:19).

Jesús dijo una y otra vez: "El reino de los cielos se ha acercado" (Mateo 10:7, cursiva del autor). [Nota del traductor. El autor sigue el argumento aquí a partir del texto inglés, que traducido literalmente diría: "está a mano"]. Con este versículo de las Escrituras en mente, ¿querría usted hacer algo? Póngase la mano derecha delante del rostro.

Mírela. Está cerca, ¿no es eso? Tan cerca, que usted puede extender la mano izquierda y tocarla.

Las cosas más valiosas de Dios están igualmente cercanas para todos los hijos de Dios. Se hallan a nuestro alcance. Están a mano para que las tomemos. Dios es accesible. Él mismo se ha puesto a nuestro alcance. La cuestión está en el grado de intimidad que nosotros deseemos tener con Él. ¿Hasta qué punto queremos ser apasionados por Jesús? Usted y yo somos los que fijamos los límites; no Dios.

Esta promesa de que la comprensión y la contemplación de la gloriosa personalidad de Dios nos va a transformar y a encender en nosotros una santa pasión, es para todos los creyentes. No importa lo débiles o lo fuertes que nos sintamos; no importan nuestros fallos del pasado; no tiene que ver con nuestro temperamento natural ni con nuestra personalidad. Todos y cada uno de nosotros podemos llegar a arder de pasión por Jesús.

Si hubo algo que aprendí durante mis primeros veinte años de vida, fue que esa pasión por Jesús no procede del celo o el entusiasmo naturales del ser humano. Por medio de la frustración, la sensación de condenación y los quebrantos de corazón, me llegué a dar cuenta de qué es lo que enciende de pasión a un corazón. Y esto le puede suceder a cualquiera.

Permítame que le relate mi historia; la forma en que comencé con el celo humano y fracasé miserablemente. Le quiero mostrar la forma en que fui viendo gradualmente el afecto y la pasión de Dios por mí, aun en medio de mis numerosas debilidades. Creo que se sentirá fortalecido en su pasión por Jesús mientras recorre conmigo las próximas páginas.

1

....

LAS RAÍCES DEL
CELO HUMANO

Sigue, Rocky. Sigue: 492, 493, 494... Podía oír su ronca voz dándome ánimos a gritos, mientras sentía que sus gruesas manos me tenían agarrado por los tobillos, manteniéndome las pantorrillas firmemente fijas contra el suelo.

"Así se hace. Muy bien, muy bien. Yo sé que puedes; 496,497, 498... Sigue, hijo. ¡Estupendo! ¡Quinientas, quinientas! Lo has logrado de nuevo. Yo sabía que tenías fibra, Rocky. Estoy orgulloso de ti, hijo. ¿Ves? Todo el esfuerzo de las últimas semanas está produciendo, ¿no es cierto? Dame la mano, hijo; te voy a ayudar a levantarte. Tu padre te quiere dar un abrazo."

Sentí que sus inmensos antebrazos, duros como el hierro, me exprimían hasta dejarme sin respiración. Sentí su cálido aliento sobre la mejilla mientras él me daba un beso, y sus ásperas manos sobre mi rostro, al mismo tiempo que me miraba fijamente con unos ojos resplandecientes de alegría, y exclamaba: "¡Tienes diez años y ya estás haciendo quinientas sentadas en un día! No en balde la gente de la Taberna de Waldo dice que vas a ser un gran atleta."

Una lágrima cayó sobre el artículo acerca de mi padre que había estado leyendo en el número del 29 de mayo de 1974 del *Kansas City Times*, destruyendo por completo mi compostura. Mientras me secaba los ojos con el envés de la mano, seguí leyendo otra vez más, comenzando con dos párrafos que el reportero había tomado de un artículo aparecido en el *Times* el 12 de febrero de 1948, veintiséis años antes:

Una de las reapariciones más grandiosas en la historia del Decimotercer Torneo de los Campeones de Guantes de Oro tuvo lugar anoche.

Bobbly Bickle, estudiante de undécimo grado de la Escuela Secundaria de Hoisington, Kansas, se levantó del suelo en el segundo asalto para conseguir un bien ganado veredicto sobre Harold Stewart, de Ft. Riley, Kansas, en medio de la más grandiosa emoción de cerca de siete mil fanáticos.

El reportero continuaba después su artículo, que cubría la tercera parte de la página, diciendo:

Bobby Bickle era de esa clase de hombres que se negaban a quedarse en el suelo. En 1948 ayunó de manera tan implacable para clasificarse como peso pluma, que se desmayó dos veces mientras lo pegaban. Después, se levantó del suelo del cuadrilátero, aturdido por un golpe, y se abrió paso lentamente hacia la victoria. Perdió en las finales, pero recibió el premio al mejor deportista en el Decimotercer Torneo del campeonato de los Guantes de Oro.

Como peso pluma, Bobby Bickle se fue abriendo paso hasta el campeonato de los Guantes de Oro de la ciudad de Kansas, el campeonato de los Estados Unidos y por último, el campeonato internacional.

Bobby Bickle ha muerto. Falleció ayer a los cuarenta y cinco años de edad, al parecer, de un ataque al corazón...

Las palabras que tenía delante se disolvieron una vez más en medio de las lágrimas. Muerto... la persona que más quería en el mundo había desaparecido. Sin embargo, qué legado el que me había dejado.

Mi padre estaba muy lejos de ser un hombre perfecto. Tenía muchos defectos. Sin embargo, que yo pueda recordar, nunca me he encontrado con una persona que lo haya conocido, y no lo admirara y respetara. En sus tiempos de joven y fuerte boxeador aficionado, se había hecho famoso por su increíble disciplina y consagración a su deporte. Su meta era llegar a ganar una medalla de oro olímpica y ser campeón mundial de boxeo. Consumido por el celo e impulsado por una radical consagración al deporte que amaba, entrenaba entre seis y ocho horas al día.

No podía recordar si fue en 1950 o en 1951 cuando se convirtió en el campeón mundial aficionado mientras estaba en el ejército. En 1952 peleó en las Olimpíadas de Helsinki, Finlandia. En la noche anterior a su pelea con el hombre que después ganaría la medalla de oro, se rompió la mano derecha en una pelea en un bar. Molesto consigo mismo por haber dejado que sucediera algo así, pero firmemente decidido a alcanzar su meta, peleó al día siguiente de todas formas Ccon una sola mano—y los jueces quedaron divididos en su decisión. Por años, yo había oído a sus amigos decir grandes cosas sobre aquella pelea, escuchando maravillado sus descripciones golpe a golpe sobre la forma en que mi padre derribó a su contrincante tres veces en un solo asalto.

El hecho de no haber podido alcanzar el sueño de toda su vida no lo había derrotado, ni le había robado su celo. Cuando tuvo veintitantos años se convirtió en boxeador profesional. Trabajaba ocho horas diarias en la planta de la Chevrolet y después de esto entrenaba entre seis y ocho horas cada día. El titular del periódico lo decía todo: BOB BICKLE, CAMPEÓN DE LA VALENTÍA. Sí, así mismo era mi padre.

Dejé el periódico sobre la mesa de la cocina y me senté, a solas con mis pensamientos. Me embargó la emoción cuando me vino a la mente la imagen de mi padre: su contagiosa sonrisa, la nariz que habían roto y arreglado demasiadas veces para que volviera a estar derecha, las cejas llenas de cicatrices y manchas, tantas veces abiertas, que ya ni necesitaba novocaína cuando se las cosían, porque no tenía nervios y no sentía nada allí, el grueso cuello, los brazos duros como piedra que me habían abrazado tantas veces.

Mi padre había sido muy afectuoso con sus hijos, tanto física como verbalmente. Era como si nos amara tanto, que no podía dejar de tener las manos encima de mí y de sus otros seis hijos.

Siempre me estaba tocando la cara, demostrándome su afecto, boxeando y luchando conmigo. Nos besaba a todos muchas veces. Era maravilloso. Me encantaba.

Desde mis primeros recuerdos, que se remontan a cuando tenía cuatro años de edad, tengo memoria de la forma en que me decía lo excelente que yo era. Me apoyaba al ciento por ciento. Se me hacía fácil volverme a levantar cuando cometía errores, porque allí estaba mi padre a favor mío. Tenía una increíble capacidad para pasar por alto mi fallo, porque veía mi corazón.

Cuando tenía cinco años, ya mi padre me estaba animando para que fuera a los juegos olímpicos. Yo ni siquiera sabía en aquellos momentos lo que significaban esas palabras, pero fueran lo que fueran esos juegos olímpicos, emocionaban a mi padre, así que me emocionaban a mí también. Me contó muchas cosas sobre sus buenos amigos Jack Dempsey y Floyd Patterson, ambos campeones mundiales de pesos pesados. Me llamaba "Rocky", por el gran boxeador Rocky Marciano. A los seis años ya me estaba entrenando. Cuando llegué a los ocho, entrenaba varias horas al día. El atletismo parecía algo natural en mí. Si él hubiera querido que fuera concertista de piano, estoy seguro de que me habría metido en problemas, pero el boxeo parecía formar parte de mi naturaleza. Me encantaba que me diera ánimos para que me desarrollara en un deporte al que amaba tanto.

A los diez años, mi entrenamiento diario comprendía correr varios kilómetros, hacer varios centenares de flexiones de brazos y quinientas sentadas. Debido a todo el adiestramiento y la autodisciplina, gané una gran cantidad de récords durante toda la escuela secundaria por flexiones de brazos, sentadas, carrera y otros logros atléticos.

Sin embargo, no me sentía presionado a lograr las metas de mi padre. No estaba esforzándome por hacerlo feliz. Sentía que él había sido feliz conmigo durante toda mi vida. Sencillamente, ante sus ojos era imposible que yo fallara. Disfrutaba tanto cuando estaba con él, que sus metas se convirtieron en mías. Quería ser como él. No obstante, después de entrenarme para ser boxeador desde los seis años, cuando tenía catorce cambié de opinión y le dije a mi padre que prefería jugar fútbol. El no pestañeó siquiera.

Me dijo inmediatamente: "Estupendo, hijo. Quiero que hagas lo que tienes en el corazón."

Entre mi padre y yo había una profunda amistad, llena de apoyo y de amor. Él confiaba en mí. Asistía a todas mis competencias deportivas. Si yo estaba en el campo, él estaba en las gradas. Cuando aún sólo estaba en décimo grado de secundaria, jugaba en el equipo de fútbol de mi grado, en el segundo equipo de la escuela, y en el equipo principal, todo al mismo tiempo. Tenía tres juegos por semana, y mi padre nunca se perdió uno. Su dedicación a mí era evidente para todos los que lo conocían. Hasta venía a verme en las prácticas.

Mi padre estaba igualmente dedicado a mi hermano Pat, o "Punch", como él lo llamaba, quien tenía un año menos que yo. Hacíamos muchas cosas juntos.

Cuando yo tenía seis o siete años, él comenzó a trabajar pintando casas. Durante años, casi todos los fines de semana en tiempo de clase y durante todo el verano, Pat y yo estábamos allí junto a él, raspando pintura vieja, limpiando brochas, quitando la pintura de las ventanas y limpiando canalones.

Desde que éramos pequeños, mi padre nos llevaba a Pat y a mí a los bares consigo, aunque nunca nos dejaba beber. Era un hombre verdaderamente sociable; reía, hacía chistes y causaba una divertida conmoción. Como consecuencia de formar parte del mundo del boxeo, mi padre andaba con gente bastante dura. Algunos de ellos eran personajes mafiosos con una ética dudosa. Varios de sus amigos, que yo conocí personalmente de niño, fueron tiroteados y muertos en el mundo subterráneo del crimen.

Los amigos de mi padre eran amigos míos también. Allí estaba yo, con diez años de edad, entrando a los bares junto a mi padre, saludando con familiaridad a aquellos personajes que me llevaban entre veinte y cuarenta años, y llamándolos por su nombre de pila. "¡Eh, Jim!" "¡Hola, Bill!" "¿Qué tal, Orville?" Yo era uno de los "muchachos". Me contaban docenas de historias viejas sobre mi padre y el boxeo, y pronto las había aprendido de memoria hasta el último detalle. También me encantaban las meseras, porque actuaban maternalmente conmigo y me llamaban "cariño". "Pat, a mi padre y a mí nos encantaba andar juntos por los bares, jugando al tejo o al billar y poniendo música en la máquina de discos todo el día".

Aunque a Pat y a mí también nos gustaba la Taberna de Waldo, el lugar que más visitábamos era el bar VFW, un deteriorado edificio de bloques en el que cabían un centenar de personas. De vez en cuando, mi madre y mis cuatro hermanas nos acompañaban para comer el pescado frito que tenían allí todos los viernes por la noche.

Mientras caminábamos sobre la gravilla del aparcamiento, el aire, impregnado siempre con el aroma del pescado que se estaba friendo y el humo de los cigarrillos, se iba llenando también de la cálida y acogedora mezcla formada por la música de la máquina de discos, las risas, la amistosa conversación y el ruido de los hombres que jugaban al billar. El sonido siempre parecía aumentar unos cincuenta decibeles cuando atravesábamos la puerta, mientras los amigos de mi padre que estaban allí, todos obreros con tatuajes, del tipo de los conductores de camiones, nos daban la bienvenida. Nadie molestaba nunca a mi padre. Él solía ser el más duro de todos, y la vida de la fiesta, dondequiera que íbamos. La gente lo respetaba por sus dieciocho años de boxeo y por todos los campeonatos que había ganado.

Nunca se nos ocurrió que los bares no eran la mejor atmósfera para los niños. En nuestra familia, nadie iba a la iglesia, aunque mi padre nos decía que había un Dios. Ni él, ni mi madre, eran lo que alguien llamaría personas "religiosas".

Cuando tenía catorce años, hubo algo que se comenzó a agitar dentro de mí. Siempre me había encantado mirar al cielo y a las estrellas, pero ahora estaba sintiendo el impulso de averiguar quién era el que estaba detrás de todas las maravillas de la vida. Algunas veces alzaba la mirada al cielo y murmuraba: "Tiene que haber un Dios". Así que un día, me fui a mi padre con una petición poco corriente. "Papá", le dije, "quiero unirme a una religión".

"Eso es bueno, hijo", me contestó. "Creo que es una gran idea. Yo lo intenté una vez cuando era más joven. Te va a hacer bien."

"Sí, a mí también me parece eso. Pero no sé cómo hacerlo."

Me daba cuenta de que mi padre se lo estaba pensando bien. "Una cosa", me dijo. "Si yo fuera tú, sería judío o católico. Pero decide tú, porque eres tú quien tienes que decidir tu propia religión."

"¡Oh!", le dije. "¿Por qué tú escogerías ser judío o católico?"

"Porque los judíos son más ricos, y los católicos son más grandes y poderosos en número y en influencia social en todo el mundo. Parecen tener posiciones altas dentro de la sociedad. Pero ten calma y piénsalo. ¿De acuerdo? Cualquiera de las dos que escojas va a ser una buena decisión."

Así que lo pensé por un tiempo. Después, regresé y le dije; "Papá, ya estoy decidido. Quiero ser judío. Prefiero ser rico a ser grande."

Mi padre sonrió y me atrapó en un gran abrazo de oso. "Es una buena decisión, hijo. Sí, señor. Si yo tuviera que volver a vivir, creo que habría sido judío."

"Papá, si voy a ser judío, ¿cómo lo hago?"

"Te voy a decir, hijo. Busca las palabras 'judío' y 'judaísmo' en la enciclopedia, toma unas cuantas notas, tráemelas a mí, y hablaremos sobre el tema."

De manera que escribí mi pequeño informe y se lo llevé. Tal vez no tuviera mucho sentido, pero él se manifestó entusiasmado. "Muy bien, Mike", me dijo.

"Ahora, vé a la sinagoga que hay calle abajo, y diles que quieres ser judío."

Cuando entré en la sinagoga estaban celebrando algún tipo de culto, así que me senté. Entonces me di cuenta de que todo el mundo, menos yo, tenía puesto un pequeño sombrero. Después del culto, me acerqué al rabino y me presenté. "Hola", le dije mientras extendía la mano. "Me llamo Mike Bickle. Tengo catorce años y quiero ser judío. ¿Qué tengo que hacer?"

No puedo recordar lo que me dijo aquel hombre, pero no pareció muy emocionado ante mi decisión, ni se manifestó demasiado cordial o amistoso. Así que, un poco abatido, regresé y le dije a mi padre: "No me parece que tengan interés en que yo me haga judío, así que voy a ser católico."

Volví a la enciclopedia, leí todo lo que decía sobre el catolicismo y escribí otro pequeño informe para mi padre. Al domingo siguiente atravesé nuestro destruido vecindario de gente pobre hasta llegar a la iglesia católica. Tan pronto como terminó el culto, me fui al frente, pasé el comulgatorio, pasé un cierto lugar considerado por algunos como una especie de frontera sagrada, y me fui directo hasta el púlpito. "Hola", dije mientas estrechaba la mano del sacerdote. "Me llamo Mike Bickle, tengo catorce años y quiero ser católico."

Rodeándome con un brazo, el sacerdote me dijo: "Hijo, has tomado una gran decisión. Yo te voy a ayudar." El genuino entusiasmo del sacerdote me conmovió; me sentí muy importante ante sus ojos.

El padre Tom Minges tenía treinta y tantos años en aquellos momentos. Me hizo sentir en la iglesia de San Agustín como si estuviera en casa. Durante cerca de un año, se reunió conmigo casi todos los domingos por la tarde en la rectoría durante cerca de una hora para darme clases sobre la fe católica. Pasamos unos momentos maravillosos. Era un maestro estupendo. Sin embargo, por cada nuevo detalle de información que me daba, yo tenía diez preguntas. Tenía preguntas sobre Dios, preguntas sobre la Biblia y preguntas sobre el catolicismo. Un día suspiró y me dijo: "Hijo, no vamos a terminar esto nunca, si tú no dejas de hacer tantas preguntas."

El padre Minges y yo nos hicimos buenos amigos aquel año. Él era muy amable, y siempre tenía tiempo para mí. Yo no pude convertir a toda mi escuela secundaria al catolicismo, como esperaba, pero sí me las arreglé para lograr que unos cuantos amigos fueran conmigo a la iglesia de vez en cuando, y también a algunos de mis estudios con el padre Minges. Me encantaba ser católico, y quería que ellos lo fueran también.

Después de un año, el padre Minges decidió que yo estaba listo para convertirme oficialmente en católico. Mi padre lo aprobó de todo corazón, de manera que fui bautizado y confirmado. ¡Qué emocionado me sentía! Cuando mi padre y yo íbamos a los bares, él siempre encontraba a alguno de sus amigos y le decía: "Oye, mi hijo es católico. Díselo, Mike. Dile algo sobre eso de ser católico."

En aquellos bares conté muchas veces mi historia sobre mi catolicismo. Algunos de los borrachines más viejos me daban un dólar, me abrazaban o me pasaban la mano por la cabeza y me decían: "Felicidades, Mike. Eres católico." Aquello era serio para mí.

Estaba en el décimo grado en Center High School cuando Duane Unruh, mi entrenador, me invitó a un estudio bíblico en su hogar. "Te va a encantar, Mike", me dijo. "Hay otros miembros del equipo de fútbol que son miembros de la Confraternidad de atletas cristianos, y van a estar allí. Vamos a pasar juntos un rato muy agradable."

"Por supuesto", le dije. "Voy a ir." Ahora que era cristiano, pensé, se suponía que asistiera a estudios bíblicos. ¿Cómo no se me había ocurrido esto nunca antes?

El entrenador Unruh me fue ayudando a llegar a Cristo de una manera sabia y delicada. Ir al hogar del principal entrenador de la escuela era algo maravilloso para mí, que sólo era un pequeño estudiante de décimo grado.

En junio de 1971, poco antes de cumplir los dieciséis años, el entrenador Unruh me invitó a un campamento de verano de la Confraternidad de atletas cristianos en Estes Park, Colorado. Si él no hubiera pagado por mí, nunca habría podido ir. Mis padres nunca se habría podido permitir el lujo de un campamento de una semana. Roger Staubach, zaguero de ofensiva de los Cowboys de Dallas, iba a ser el conferencista. La noche que subí al ómnibus que transportaría a los acampados de Kansas City al campamento, mi padre me dio un cálido abrazo y me entregó un paquete con seis botellas de cerveza. "Aquí tienes, hijo", me dijo. "Vas a necesitar esto." Yo las compartí con todos los que iba en el ómnibus.

Roger Staubach estuvo formidable. No sólo era un orador estupendo, sino que también se comportó muy amistoso con todos los que eran más jóvenes. Era un modelo maravilloso; reía y se relacionaba con nosotros. El pobre hombre nos tuvo que tirar centenares y centenares de veces la bola en esa semana. Todas las tardes se reunía con nosotros en el campo y tiraba sus famosas bombas de setenta yardas.

Cuando Staubach hablaba de su relación con Jesús, era algo diferente a todo lo que habíamos hablado el padre Minges y yo. Aunque él me había enseñado mucho acerca de lo importante que es pertenecer a la Iglesia y amar a Dios, e incluso acerca del amor de Dios por mí, yo nunca había oído nada como aquello. "Ustedes pueden nacer de nuevo", nos decía Staubach. "Pueden tener una relación personal con Jesucristo."

Fue en aquel campamento, el 9 de junio de 1971, cuando me aparté de todos los demás, salí solo e hice una sencilla oración que cambió el rumbo de mi vida. Cuando le dije a Jesús que quería nacer de nuevo y tener una relación personal con Él, sentí de pronto el calor de Dios en el corazón. Aunque mi experiencia con el Señor en aquel día no fue excesivamente dramática ni emocional, sí me cambió de manera radical.

Cuando la semana llegó a su final y nuestro ómnibus nos llevó de vuelta a Kansas City, yo me había convertido en un fogoso evangelista y les testificaba a todos. Creía en el infierno. Creía en el cielo. Creía que Dios me conocía a mí. Y lo conocía a Él, y quería que todos lo conocieran. No quería que nadie fuera al infierno.

Sólo llevaba un rato en casa, cuando sonó el teléfono. Era el entrenador Unruh, que quería saber cómo me había ido en el campamento. Explotó de gozo cuando le dije que había conocido a Jesús.

Pensaba que mi padre también estaría encantado, pero por vez primera en mi vida, pude notar que no le entusiasmaba lo que yo había hecho. Parecía perplejo y confundido por lo que yo decía sobre el infierno, el cielo y eso de nacer de nuevo.

Pero lo que sacudió con mayor fuerza a mi padre fue cuando le dije que no lo podía seguir acompañando a los bares. Hasta le dije que si él y sus amigos de los bares no recibían la salvación, se irían al infierno. Sólo era un muchacho sin sabiduría, y parecía que juzgaba a todos los que no respondían de inmediato a favor de Jesús. Aunque mi padre nunca lo dijo, sé que lo herí, y aquello me llegó muy hondo. Su entrega a mí nunca disminuyó, pero nuestra comunicación quedó dañada hasta cierto punto a partir de aquel momento.

Cuando regresé del campamento de Colorado, comencé enseguida a hablarles de Jesús a los miembros de los equipos de fútbol y de carreras. Ya en el momento de comenzar las clases en el otoño del onceno grado, me había convertido en un verdadero fanático. Llevaba colgada al cuello una cruz de madera de unos veinticuatro centímetros por quince, para cumplir el versículo que dice: "Toma tu cruz". También llevaba arrastrando a la escuela una de esas Biblias familiares católicas de quince centímetros de grueso. Aunque los atletas y los estudiantes me respetaban, sabía que a muchos de ellos les parecía un personaje extraño. No podían comprender qué me había sucedido. Los estudiantes comentaban en voz baja: "Bickle se volvió predicador. Fue salvo, o algo así."

Sherry, mi hermana mayor, que estaba en el último año de secundaria, lloraba mientras les decía a mis padres: "Tienen que hacer que pare. Está humillando a toda la familia con esa Biblia gigante que lleva y esa gran cruz de madera que tiene colgada al cuello." Ella también sabía que yo estaba testificando en la cafetería de la escuela. Solía escoger una mesa vacía, y cuanto pobre infeliz se acercaba y se sentaba cerca de mí, tenía que escuchar mi predicación. En aquellos momentos, el movimiento de Jesús estaba barriendo los Estados Unidos, y eran muchas las personas que sentían un despertar espiritual; un hambre de Dios. Llevé a muchas personas al Señor aquel primer año después se ser salvo.

Al final de mi primer año como cristiano, recibí una invitación para ir a vivir en la casa presbiteriana Colonial, que era un lugar de discipulado para jóvenes. Mi padre me sorprendió al estar de acuerdo conmigo en que sería una buena oportunidad para que yo creciera espiritualmente.

Yo sólo tenía dieciséis años, y la mayoría de los demás estaban en edad universitaria, o eran mayores aún. Sin embargo, me hicieron sentir como uno de ellos y comenzaron a discipularme. Me introdujeron a los seminarios de Bill Gothard, a Campus Crusade y a los Navegantes. Me encantaron. Comencé a asistir a las reuniones de los Navegantes y de Campus Crusade. Leía todos sus materiales, estudiaba la Biblia y aprendía textos de memoria.

Éramos nueve, y vivimos juntos durante todos los meses del verano. La iglesia nos pagó el alojamiento y la alimentación y nos daba un pequeño cheque todas las semanas. Teníamos muchas oportunidades para compartir nuestra fe y estudiar la Biblia. Richard Beach y Bob Lehleitner, dos de los líderes de jóvenes de la Iglesia presbiteriana, se habían convertido en mis fieles líderes; me discipularon y fortalecieron mi caminar cristiano. Siempre tendré una gran deuda con esos dos hombres de Dios tan fieles.

Me gradué de la secundaria y en septiembre de 1973 fui a la Universidad de Washington en Saint Louis. Le seguía testificando a todo el que me quisiera oír. Mis estudios de premédica iban muy bien, estaba en el equipo de fútbol y las cosas no habrían podido marchar mejor. Entonces pareció como si se abriera la tierra a mis pies.

Llevaba en la universidad casi un mes cuando sonó el teléfono a altas horas de una noche de sábado. "¡Hola, papá!", dije, encantado de oír aquella voz familiar al otro extremo de la línea. "¿Cómo te va? ¿Le ganó el equipo de fútbol de Center High a Oak Park esta noche? ¿Qué tal jugó Pat?"

"Mike."

"¿Sí, papá?"

"Mike, Pat tuvo un accidente..."

"¿Está...? ¿Qué pasó? ¿Se va a poner bien?"

"No sabemos, hijo. En estos momentos se ve muy mal. Sólo era un juego de fútbol normal entre jóvenes de secundaria, pero de alguna forma, al principio del juego, Pat trató de detener al que llevaba la bola y... Se quedó allí tirado, Mike. Yo creía que le había sacado el aire o algo, pero... no se movió. Los entrenadores invadieron el campo y llamaron una ambulancia. Yo... yo creo que lo hemos perdido, Mike."

"¿Dónde estás ahora, papá?"

"Tu mamá y yo estamos aquí en el Hospital North Kansas City. Todavía no nos dejan entrar a ver a Pat. Dicen que aún están tratando de estabilizarlo y de evaluar el daño hecho."

"Papá, voy para allá. Voy a estar allí tan pronto como pueda. Dile a mamá que voy a tomar el tren de media noche y estaré en casa por la mañana. Te quiero, papá."

A la mañana siguiente, mientras estaba sentado en la sala de espera del hospital, leí en el *Kansas City Times* el relato de lo que había sucedido cuando mi hermano fue herido:

> Una y otra vez regresa el recuerdo, por mucho que haga Bob Bickle por olvidarlo. La forma en que se acababa de sentar en la tribuna y de comprar un par de perros calientes. La velocidad con la que sucedió todo, en la segunda jugada del partido.
>
> Y la forma en que se quedó de pie junto a la línea lateral con un nudo en la garganta, sin querer entrar al campo. Porque su hijo Punch parecía muerto. Y después cómo salió de allí caminando lentamente, con los puños cerrados en

los bolsillos, empujando a los demás y bajando la vista hasta el flácido cuerpo vestido con un uniforme de fútbol.

Y la forma en que su hijo le dijo: "Hola, papá". Entonces Bickle le contestó, como si no le preocupara nada: "¿Qué pasa, Punch?" Haciendo un esfuerzo por sonreír, el jovencito dijo: "No me puedo mover".

Mi hermano tenía el cuello roto, con sólo diecisiete años. En aquella fracción de segundo en que él, con sus setenta kilos de peso, trató de detener a un delantero de noventa y tantos, había sido transformado de excelente atleta con una salud perfecta y vibrante, en cuadriplégico incapaz de mover un dedo. Hasta necesitaba un respirador para poder respirar.

Pat tendría el cuello roto, pero mis padres tenían roto el corazón. Con todo, mamá seguía teniendo que cuidar de nuestras cinco hermanas y llevar la casa, y papá tenía que seguir trabajando para sostener a la familia. Yo sabía que me correspondía olvidarme por un tiempo de la universidad, irme a casa y ayudar a cuidar de mi hermano.

Así fue cómo el 11 de octubre de 1973, un mes exacto después de haberme marchado de casa, estaba de vuelta en Kansas City. Los médicos de Pat les dijeron a mis padres que él necesitaba ir al Instituto de rehabilitación Craig, en Denver. Tan pronto como se hicieron todos los arreglos, Pat y yo salimos hacia Colorado.

Poco después de marcharnos nosotros dos a Denver, la gente de Kansas City planificó una recogida de fondos para Pat y para mi familia. Un reportero del *Times* recuerda el suceso.

Un doble juego de beneficio en el estadio Arrowhead reunió el 17 de noviembre la cantidad de $43.464. Es mucho dinero, pero los gastos han sido y son grandes.

Bob Bickle estaba allí aquella noche con su esposa Peggy. Bob se detuvo bajo el resplandor de las luces del estadio y miró a las veinte mil personas que habían asistido al juego. Pensó en la comunidad de Kansas City, que se había unido para apoyar a su hijo. Los niños que habían enviado centavos y monedas. Los banqueros, negociantes, futbolistas, trabajadores, campesinos y gente de todas las profesiones que habían estado presentes cuando se les necesitaba.

Los ojos le comenzaron a brillar bajo el resplandor de las luces. Un rostro poderoso conmovido hasta las lágrimas. "Oigan", dijo con voz áspera, "ésta es la mejor ciudad del mundo... Hace falta que alguien escriba un libro acerca de esta ciudad."

Pat y yo nos quedamos en el centro de rehabilitación un poco más de cuatro meses para que él pudiera recibir la terapia física y a mí me pudieran adiestrar para cuidar completamente de él. Las enfermeras y los terapeutas me enseñaron a alimentarlo y a bañarlo, a hacerle la cama y a darle vuelta cada dos horas más o menos para impedir que desarrollara una pulmonía o le salieran llagas por estar en cama. También me enseñaron a cepillarle los dientes, a ejercitarle los músculos y a darle los medicamentos que necesitaba.

Al principio, Pat se sostuvo verdaderamente bien. Qué fuerte era. Qué luchador. Sin embargo, cuando se comenzó a dar cuenta de toda la realidad, yo podía ver muchos interrogantes y mucha angustia en sus ojos. Había momentos en que no me creía capaz de soportar el dolor que sentía por Pat, pero trataba de mantenerme en buen estado de ánimo.

Durante los meses siguientes, cuando mi padre telefoneaba, o venía a visitarnos, teníamos unas buenas charlas bien largas. Él me agradecía que estuviera ayudando a llevar la carga que sencillamente habría sido demasiado pesada para llevarla él solo.

Una noche, mientras conversábamos, su voz adquirió un tono extrañamente solemne. "Yo sé que sólo tienes dieciocho años, Mike, y que eres muy joven para llevar encima tantas responsabilidades." Titubeó, como buscando las palabras. "Mike", me dijo, poniéndome la mano en el hombro. "Yo sé que amas a Dios. ¿Me prometes ante tu Dios que si a mí me sucede algo, vas a cuidar de tu hermano durante el resto de su vida?"

Aunque mi padre parecía tan grave, tan intensamente serio, el pensamiento de que le sucediera algo era inconcebible. Tenía cuarenta y cinco años y estaba en la mejor época de su vida. Sin embargo, sé que tuvo la prudencia de asegurarse de que todas las contingencias estuvieran cubiertas, por si acaso sucedía algo. Yo extendí el brazo y tomé su tosca mano entre las mías. "Sí, papá", le dije con gravedad. "Te prometo delante de mi Dios que voy a cuidar de Pat con amor y gozo durante todos los días de mi vida." Lo dije con todo el corazón, y mi padre lo sabía. Pude sentir que la paz y el alivio lo cubrían como un manto.

A fines de mayo, mi padre y yo llevamos a Pat de vuelta a Denver para una segunda serie de tratamientos. "Hijo", me dijo, Asi te parece bien, me gustaría ir en automóvil a Fraser, Colorado, para visitar a mi tío. Sólo voy a faltar un día. Tal vez un viajecito por las montañas me ayude a aclarar la mente."

"Claro, papá. Tómate el tiempo que te haga falta. Pat y yo estamos bien. Quédate todo el tiempo que quieras." Me levanté de la silla que estaba junto a la cama de Pat y lo acompañé hasta la puerta. Sabía que él se sentía emocionalmente destruido, al ver a Pat en tanto sufrimiento y tanta perturbación. Se le notaba en el rostro el cansancio; el agotamiento.

En el momento en que se daba vuelta para salir por la puerta, lo detuve. Mirándolo a los ojos, le dije: "Papá, te quiero."

Él desplegó esa amplia sonrisa suya que podía iluminar toda una habitación. "Hijo", me dijo, "yo te quiero a ti, y estoy *muy orgulloso* de ti." Mi padre siempre se había sentido orgulloso de mí.

Ésas fueron las últimas palabras que me dirigió mi padre. Cuando se dirigía a las montañas, tuvo un ataque al corazón y murió.

Terminé de leer el artículo acerca de la muerte de mi padre, doblé con cuidado el periódico y me lo puse debajo del brazo. De alguna forma, era como un eslabón entre mi persona y la persona más especial que he conocido jamás, y quería mantenerlo para siempre. Acercándome a la ventana, incliné la frente contra el frío vidrio, aunque no podía ver nada a través de las lágrimas.

"Adiós, papá", dije mientras lloraba. "Te quiero, y siempre te querré. No te preocupes. Voy a cumplir mi promesa. Voy a cuidar de Pat con amor y gozo durante toda su vida."

En mi corazón, me imaginé a mi padre dándome ánimos por última vez: ¡Ése es mi hijo! ¡Yo sé que lo vas a lograr, Mike! ¡Hijo, qué orgulloso estoy de ti!

2

CUANDO EL CELO HUMANO NO BASTA

Al fallecer mi padre, pareció como si me cayera en los hombres un nuevo peso de responsabilidad. Durante un tiempo, mi madre se limitó a vivir metida en sus emociones. Ninguno de nosotros tuvo problemas para comprender la razón. Sólo Dios conoce el doloroso vacío al que se enfrentaba noche y día después de que mi padre desapareciera de repente.

Allí estaba ella, una viuda joven que sólo había estudiado secundaria y tenía que proveer para las necesidades de un hijo totalmente paralizado, de cinco hijas más, y también las mías. Sherry, mi hermana mayor, tenía diecinueve años; yo tenía dieciocho; Pat, diecisiete; Shelly y Kelly, las gemelas, quince; Tracey, catorce, y Lisa once. Cuando mis hermanas y yo vimos lo que le estaba sucediendo a mamá, todos nos unimos para tratar de aligerar su carga. Entonces aprendí que mis hermanas eran las mejores hermanas del mundo.

Quince años más tarde, cuando mamá nos confesó que papá había estado batallando con una enfermedad fatal del corazón durante tres años, antes del ataque al corazón que lo llevó a la tumba, pero no había querido que nadie lo supiera, comprendí las cosas un poco mejor. Nos dijo que todas las noches, durante nueve meses, desde septiembre, cuando Pat tuvo el accidente, hasta mayo, cuando él murió, mi padre había estado llorando a la hora de acostarse. Amaba mucho a Pat, y la idea de que su hijo fuera cuadriplégico para toda la vida lo angustiaba profundamente. Mi madre nos dijo que los médicos ya le habían advertido a papá antes del accidente de Pat que su corazón no podría durar mucho tiempo más.

A los dieciocho años, yo no sabía nada de esto, pero me alegraba que mi padre hubiera tenido la sabiduría y el valor necesarios para hablarme de asumir la responsabilidad de cuidar a Pat. Me imagino cómo lo debió destrozar aquella conversación conmigo, sabiendo que iba a morir pronto y que dejada detrás un hijo paralítico, y una familia joven y grande. Yo estaba decidido a cumplir mi promesa, pero cuando llevaba unos nueve meses cuidando a Pat a todas horas del día y de la noche, las cosas comenzaron realmente a ir mal. La muerte de mi padre, encima de su propia parálisis, parecen haber sido más de lo que Pat podía soportar. Cada vez se hizo más difícil arrancarle una sonrisa. Yo observaba impotente, mientras la luz que tenía en los ojos, alimentada antes por la esperanza y la decisión, iba vacilando poco a poco hasta apagarse.

La existencia diaria se volvió para Pat más amarga que la misma muerte. Parecía como si odiara apasionadamente la vida. Al año del accidente, mi hermano despreciaba cada momento de vida; hasta la respiración. La amargura y la frustración lo consumían. Nada estaba bien. Él se hallaba totalmente paralizado, indefenso y sin esperanza. Veía mi cara casi las veinticuatro horas del día. Eso en sí mismo ya era bastante deprimente para él. Cada dos horas—aun durante la noche—, yo lo tocaba, le daba vuelta, lo ayudaba a sostener una existencia que él aborrecía por completo. Así fue como comenzó a descargar parte de su frustración y de su ira en mí y en todos los que lo rodeaban.

Los médicos y las enfermeras me habían advertido que esto sucede con frecuencia cuando una persona va pasando por diversas etapas de aflicción. Sólo la parálisis era más de lo que habría sabido sobrellevar la mayoría de la gente. En cambio, Pat, quien había amado a nuestro padre tanto como yo, tenía que enfrentarse también al dolor de haberlo perdido. Su angustia era tan amarga como la mía, y la tenía que soportar al mismo tiempo que se enfrentaba también a todos los temores y las frustraciones que acompañan a la parálisis. Yo sabía que la reacción de mi hermano era perfectamente normal, pero ese conocimiento no hacía que las cosas fueran más fáciles.

A las dos de la mañana, mientras luchaba medio dormido por darle vuelta a Pat, o darle un sorbo de agua, me saludaban unas ofensivas palabras llenas de enojo: "¡Tonto, idiota! ¿Es que no sabes hacer nada bien hecho?" Nunca sabía cuándo le iba a dar rienda suelta al torbellino que se agitaba en su interior.

Al principio no me molestaban las palabras de Pat, pero poco a poco comencé a contestarle con observaciones sarcásticas y llenas de desdén. En realidad, me entraban ganas de darle unos cuantos buenos puñetazos. La ira crecía algunas veces en mi corazón hasta el punto de que me tenía que salir del cuarto por un rato para tranquilizarme, sólo por estar seguro de que no lo iba a abofetear hasta dejarlo sin sentido. Hasta pensar en algo así era algo que me sacudía por dentro. ¡Imagínese lo que significaba tener la tentación de abofetear a mi hermano paralítico!

Sentía una profunda culpabilidad por los sentimientos tan poco amorosos que abrigaba hacia Pat. Él siempre había sido muy especial conmigo. Me sentía como un fracaso total, debido a mi evidente falta de afecto y de amabilidad. Se suponía que servir a los demás era una de las señales de una espiritualidad genuina, pero yo estaba fracasando en esto continuamente. ¿Cómo era posible que un verdadero cristiano se sintiera tan iracundo, egoísta y falto de amor como yo? Les había jurado a mi padre y a mi Dios que iba a cuidar de Pat *con gozo y con amor* durante todos los días de mi vida. Sin embargo, en menos de un año y medio, las cosas ya habían degenerado hasta tal punto, que yo me estaba quejando continuamente, estaba sumergido en la compasión por mí mismo y algunas veces apenas podía soportar el hecho de estar en el mismo cuarto que él. Pasaba todos los días y las noches junto a su cama, pero a él no parecía importarle. Su dolor emocional era tan inmenso, que no podía ver el dolor de los que lo rodeaban.

Ya en aquellos momentos, mi madre estaba comenzando a sobreponerse a la situación poco a poco. Veía lo que estaba sucediendo y se daba cuenta de que tanto Pat como yo necesitábamos algún cambio. Así que en septiembre de 1974 me inscribí en la Universidad de Missouri, que estaba a dos horas de casa en automóvil. Durante el único año que estuve en esa universidad, seguí volviendo a casa y cuidando a Pat desde la tarde del viernes hasta el domingo. El cambio nos hizo bien a los dos, y al cabo de poco tiempo, después de haber alcanzado su punto más alto, la ira y la frustración de Pat comenzaron a disminuir.

Yo estaba disfrutando mi año de universidad. Me gustaban las clases y disfrutaba de la compañía de mis tres compañeros de cuarto, que eran cristianos. Estudiaba duro y al final de cada semana buscaba quien me llevara a casa, y espiritualmente, seguía rindiendo todo lo que tenía. Utilizando los recursos de celo humano natural que me había impartido mi padre, le testificaba al menos a una persona cada día; estudiaba la Palabra y me la aprendía de memoria, y programaba con diligencia mi tiempo, incluyendo en mi horario una media hora para orar todas las noches.

El año anterior me había fascinado el libro *Why Revival Tarries* ["Por qué tarda el avivamiento"], de Leonard Ravenhill. Una de las cosas que dice Ravenhill se me quedó fija en la mente: "Todo líder que se niegue a orar durante dos horas al día, no va a valer ni cinco centavos a la hora de predicar". Esta afirmación me atravesó el corazón como una daga. Consideraba que Ravenhill tenía razón, de manera que me había prometido a mí mismo comenzar con una hora de oración diaria, e ir llegando a dos, según fuera pudiendo. Y estaba cumpliendo lo prometido.

Agotado hasta los huesos; emocional y espiritualmente exhausto también, terminé "estrellándome contra la pared". Allí tenía a mi hermano menor, al que le había caído encima el doble de la angustia que yo tenía que soportar, y se estaba abriendo paso como un campeón. Al otro extremo de la balanza, estaba yo, con el dolor sin resolver de la muerte de mi padre, que aún latía en mi corazón; luchando aún por enmascarar mis sentimientos y seguir sintiendo enojo en mi corazón contra todo el que me pidiera que lo sirviera.

Por vez primera, también me estaba enfrentando a una inmensa sensación de culpa ante Dios con respecto a otros aspectos de mi vida espiritual en los que estaba fracasando. Echaba de menos el amor incondicional y estabilizador de mi padre, pero dudaba de que Dios me pudiera amar jamás de esa forma. Al fin y al cabo, yo nunca le había fallado a mi padre de la forma que me parecía que le estaba fallando a Dios. Me parecía que tenía el corazón tan duro como una roca, y espiritualmente embotado. No sentía ni pasión por Dios, ni ternura hacia los demás. También estaba comenzando a sentir desprecio por el compromiso que había hecho en cuanto a las disciplinas espirituales.

Por encima de todo, quería agradar a Dios, pero de repente había descubierto que le estaba fallando a cada momento: Yo, Mike Bickle, el "Niño prodigio" que en realidad nunca había fallado en nada. Nunca había usado drogas; ni una sola vez. Nunca había fumado un cigarrillo en toda mi vida. Me había bebido unas cuantas cervezas en una ocasión, en mi viaje hacia el campamento de verano, pero nunca había andado de aventuras con ninguna de las mujeres insensatas que había en la universidad, y que parecían abundar tanto por todas partes.

Por lo general, había alcanzado mis metas en todo lo que había intentado en el atletismo, la vida académica y la vida espiritual: había establecido nuevas marcas en la escuela, sacado todas las asignaturas con sobresaliente durante toda la secundaria, orado, estudiado la Biblia, ganado personas para el Señor y aprendido de memoria las Escrituras. Cuando cumplí dieciocho años, ya me había aprendido de memoria muchos capítulos de la Biblia. Oraba por lo menos una hora al día, y el año anterior, cuando no estaba en la universidad, había estudiado la Biblia entre seis y ocho horas diarias, mientras estaba sentado junto a la cama de mi hermano. Tenía la costumbre de ayunar, y estaba cumpliendo la promesa que me había hecho a mí mismo de testificarle por lo menos a una persona cada día. Entonces no me daba cuenta, pero los ingredientes para convertirme en un fariseo airado y satisfecho de mi propia justicia se hallaban ya en su sitio. Emocionalmente, me estaba alejando de Dios, aunque mis disciplinas espirituales exteriores escondieran ese creciente abismo.

El mismo celo humano que mi padre había poseído, también me había consumido a mí desde que tenía uso de razón. Pero de repente, y por vez primera en mi vida, me dí cuenta de que no bastaba con ese celo. Si algo había logrado, era volverse en contra mía y convertirse en mi enemigo, acusándome, echándome en cara mis imperfecciones y condenándome por mis tristes fracasos espirituales. Mi incapacidad total para superar la ira, caminar en un amor genuino y desarrollar en mí un afecto verdadero por Dios me estaba tirando al suelo y me estaba derrotando. Mike Bickle, que había parecido capaz de enfrentarse a tantas cosas y cambiarlas, no podía cambiar ni su propio corazón.

Así me encontraba a los diecinueve años de edad, metido en una gran confusión y convertido en un gigantesco fracaso espiritual. Negar esa realidad habría sido inútil. Lo sabía, y temía que el Dios que tan ansiosamente había querido agradar lo supiera también. ¿Qué estaría pensando de mí? Me podía imaginar la ira, la desilusión y la frustración que debía tener reflejadas en el rostro.

Estaba fracasando en el cumplimiento del único juramento que le había hecho jamás a mi padre, o a mi Dios. ¿Cómo podría esperar jamás que iba a cuidar de Pat con amor y gozo todos los días de mi vida, si ni siquiera me podía relacionar con Jesús de esa manera? Aterrado y desilusionado por el pecado que tenía en el corazón— impaciencia, santurronería, incapacidad para perdonar, compasión por mí mismo y falta de dominio propio—, ni siquiera me podía mirar al espejo; mucho menos tratar de mirar a Dios "de frente" cuando le hablaba en oración. Mis amigos cristianos me aseguraban que el Señor me amaba, pero *ellos* no podían ver mi corazón como Dios y yo lo veíamos. Mi espíritu se estaba comenzando a cerrar a Dios debido a mi legalismo, sensación de culpa y temor a su rechazo. Había perdido esa sensación de frescura que aparece cuando nuestro espíritu está abierto gracias a la firme seguridad de que contamos con la amorosa gracia de Dios.

También estaba fallando en mi oración. Sí, seguía orando una hora al día, pendiente del reloj. Pero *lo aborrecía; lo aborrecía* por completo. Qué trabajo tan pesado. ¿Cómo era posible que llegara a la conclusión de que amaba a Dios, si me desagradaba tanto dirigirme a Él en oración? Por supuesto, en unas cuantas ocasiones logré abrirme paso hasta la presencia de Dios. Pero en mi corazón, en realidad me preguntaba si estar pendiente del reloj mientras pronunciaba unas oraciones carentes de inspiración que parecían caer de mis labios al suelo, era algo que estuviera haciendo algún bien. Francamente, muchas de las horas que pasaba de rodillas me parecían una lamentable pérdida de tiempo.

En cuanto a dar testimonio, también estaba comenzando a aborrecerlo. El poderoso movimiento de Jesús que había inundado la nación durante mis dos últimos años de secundario y mi primer año de universidad, estaba disminuyendo. Decidido a mantenerme firme en mi solemne compromiso de testificarle por lo menos a una persona cada día, aún hablaba con mucha gente, pero con unos resultados muy pobres.

Una noche, ya tarde, me fui a la cama frustrado, porque no le había hablado del Señor a nadie en todo el día. Después de la media noche, me obligué a salir de la cama, me vestí y me fui a caminar por los terrenos de la universidad, hasta que hallé a alguien con el cual pude compartir mi fe. A aquella persona le hice un recuento corto, casi iracundo, de la salvación, y me regresé rápidamente a la cama, murmurando: "No puedo pensar que vaya a vivir así el resto de mi vida espiritual". La labor de testificar se había vuelto algo muerto, seco y ritualista. Me había vuelto un hombre enojado con Dios.

No estaba cumpliendo mi juramento de cuidar de Pat, y también estaba fallando en la oración. Ahora, me podía anotar el tercer fracaso: era un testigo muy poco eficaz.

Es probable que en aquellos momentos no lo hubiera podido expresar con palabras, pero había tropezado de frente con un principio importante: Podemos estar seguros de que el celo humano basado en nuestra propia justicia fracasa, y las consecuencias que termina produciendo ese fracaso son la sensación de culpa y la ira religiosa contra Dios y contra la gente.

Por supuesto, además de esto estaba el estudio bíblico. Qué carga tan grande se estaba convirtiendo. Me celo por ser un creyente radical y ardiente seguía siendo mucho, pero mi afecto interno por el Señor y por su Palabra se había enfriado mucho también. Seguía asistiendo a las reuniones de los Navegantes y de Campus Crusade y estudiando el Nuevo Testamento libro por libro con diversos comentarios, pero todo me parecía muerto y aburrido. Mis conocimientos intelectuales estaban creciendo, pero mi corazón parecía encogerse cada día más. En lugar de recibir cada vez más iluminación, lo que aumentaba era mi confusión. Las cosas espirituales se habían vuelto estériles, áridas, agotadoras y aburridas.

También estaba fallando en cuanto a mis ayunos. Tantas veces rompía mi compromiso de ayunar a la mitad del "día de ayuno", que era algo lamentable. Detestaba el ayuno.

Ya en esos momentos tenía casi veinte años, y no era más que un montón de frustraciones, porque me consideraba un fracasado espiritual. Y el fracaso que me destrozaba la vida era en las cosas espirituales que me importaban más intensamente, no en cosas como beber o correr aventuras amorosas. Estaba llegando a un punto en el que me sentía con ganas de echarlo todo a rodar, porque por fin me había dado cuenta de que no era capaz de amar a Jesús como me parecía que debía hacerlo. En mi intento por amar y agradar a Dios, había aspirado a los altos niveles de sus santas normas, pero había quedado lamentablemente muy por debajo.

Mis ideas iniciales acerca del amoroso afecto que me tenía Dios se habían desvanecido casi hasta el punto de no existir. Si ante mis ojos yo era un fracaso y una desilusión totales, me estremecía al pensar cómo me debía ver ante los ojos de mi Dios, que había sido tan bondadoso y tan bueno conmigo. ¿Cómo le podría agradar siquiera? ¿Cómo iba a soportar mirarme cuando yo le estaba fallando de una manera tan terrible? Estaba seguro de que ya no disfrutaba de mi comunión con Él.

UN PENSAMIENTO ESTREMECEDOR

Una noche, mientras leía las Escrituras, un pasaje del quinto capítulo de Juan me sacudió el corazón como si hubiese sido un rayo.

> Escudriñad las Escrituras; porque a vosotros os parece que en ellas tenéis la vida eterna; y ellas son las que dan testimonio de mí; y *no queréis venir a mí* para que tengáis vida.
>
> —JUAN 5:39-40, CURSIVA DEL AUTOR

De repente me di cuenta de que yo era como los fariseos piadosos que estudiaban las Escrituras de día y de noche, pero no disfrutaban de una relación afectuosa con la *persona* sobre la cual hablan esas mismas Escrituras. Como los fariseos, había estado estudiando unas palabras impresas en papel, en lugar de cultivar una íntima relación con una persona, y mi corazón se había enfriado hacia Dios cada vez más.

Seguro de que mi fracaso y mi inmadurez debían estar causando enojo en el corazón de Dios, temía que Él estuviera listo para tirarme al basurero, como pérdida total, y dedicar su atención a alguna otra cosa. Una y otra vez, descubrí que estaba deseando que mi padre estuviera vivo aún, para que me diera ese afecto incondicional al que tanto me había acostumbrado. Me lo podía imaginar corriendo hacia mí con los brazos abiertos y una sonrisa gigantesca.

Entonces, un día, mientras leía la historia del hijo pródigo, un texto de las Escrituras que había leído quién sabe cuántas veces en el pasado, los verbos relacionados con el padre del joven pródigo adquirieron vida de repente:

> Y levantándose, vino a su padre. Y cuando aún estaba lejos, lo *vio* su padre, y *fue movido a misericordia*, y *corrió*, y *se echó sobre su cuello*, y le *besó*.
> —Lucas 15:20, cursiva del autor

En medio de mi frialdad espiritual y mi fracaso, me había preguntado muchas veces qué sentiría Dios con respecto a mí. Hasta había temido imaginarme la expresión de su rostro cuando me veía regresar en busca de perdón cada vez que yo le fallaba. De repente supe, porque a través del padre del joven pródigo, pude captar un destello del rostro y el corazón de Dios. Cuando Dios me veía caminando apesadumbrado hacia su trono, con el rostro inclinado por la vergüenza, Él también, como el padre del joven pródigo, se sentía movido al afecto y la ternura por mí. Dios estaba corriendo hacia mí con gozo y emoción. Tenía los brazos bien abiertos, dirigidos hacia mí, anhelante por atraparme en su amoroso abrazo y hacer desaparecer con sus besos mi culpa y mi fracaso.

¡Mi Padre celestial era un Dios que vigilaba, corría, lloraba, reía, abrazaba y besaba! Era un Dios que daba alientos, reafirmaba, elogiaba y quería. Era un Dios que me amaba tanto, que no podía dejar de abrazarme. Yo era la niña de sus ojos. Era un Dios que amaba mi amistad y todo lo que quería de mí era que estuviera con Él. Un Padre que alardeaba de mí ante todo el que lo quisiera escuchar. Un Dios que disfrutaba de mí, hasta en mis fallos y mis inmadureces, porque veía la sinceridad de las intenciones de mi corazón.

Un Dios que no tenía que esforzarme por mantener contento, porque había estado contento conmigo desde el mismo instante en que yo había nacido en su familia. Era un Padre que siempre me estaba animando desde el borde del campo. Un Dios que me llamaba "hijo" lleno de entusiasmo.

Esta maravillosa verdad penetró como un relámpago en mi alma, estallando con hermoso esplendor e iluminando mi corazón. ¿Cómo era posible que no me diera cuenta antes? Durante años había estado batallando por complacer a Dios y estar a la altura de sus "expectativas", cuanto durante todo aquel tiempo, mi Padre celestial me había amado *como me amaba mi padre de la tierra*... sólo que un millón de veces más. Mi Padre celestial era inmensamente más afectuoso que mi padre de la tierra. Si yo hubiera podido medir su amor, habría hallado que era "como la altura de los cielos sobre la tierra" (Salmo 103:11). A partir de aquel momento, mi nueva comprensión sobre el exorbitante amor de Dios por mí comenzó a cambiarme la vida de una manera poderosa y radical, reemplazando mi sensación de culpa con una santa osadía y un apasionado afecto por Él.

LAS INTENCIONES SINCERAS CONTRA LOS LOGROS DE LA MADUREZ

Durante aquellos últimos años, en mi celo por agradar a Dios y ser como Él, me había tropezado con su santidad. Me estaba encontrando con mi propio pecado y con mi debilidad, despertando a mi incapacidad total para cambiar mi propio corazón. En resumen, como el apóstol Pablo, me había enfrentado a mi propia debilidad humana. (Vea Romanos 7).

Pensaba en Pablo, un hombre lleno de celo que fue transformado y quedó lleno de una santa pasión, por haber visto el esplendor de la personalidad de Dios. Por el insuperable valor que tiene conocer a una *persona* gloriosa, Pablo contaba todas las cosas por basura, a fin de ganar a Cristo (Filipenses 3:6-9).

Me di cuenta de que, al igual que Israel en su error, yo había estado poseído por un celo por Dios lleno de entusiasmo, aunque carente por completo de conocimiento de la realidad (Romanos 10:2-3). Todo lo que mi celo humano había sido capaz de producir era una mentalidad de perfeccionismo al actuar y de inclemente autocondenación que había dado por resultado el que una ira religiosa me llenara el corazón. Había estado luchando ansiosamente por llegar a la parte superior de la escalera de las obras y la justicia propia. Pero cuando miraba hacia arriba, me daba cuenta de que la parte superior de esa escalera, muy lejos aún de mi alcance, estaba recostada contra un insuperable muro de culpabilidad, frustración e impotencia.

Había estado viviendo bajo una condenación aplastante, luchando bajo el doloroso y equivocado concepto de que Dios me había juzgado de acuerdo a mis logros, y por eso me había rechazado. Sin embargo, mientras que yo me había estado centrando en mi falta de logros de madurez, Dios había estado mirando la sinceridad de mis intenciones. No había estado caminando impaciente de un lado para otro frente a su trono, lamentándose y cubriéndose el rostro con desesperación, ni levantando los brazos con frustración cada vez que yo tropezaba. Había estado mirando mis ardientes anhelos, y mi corazón bien dispuesto, que decían: "Yo quiero hacer tu voluntad", y se estaba deleitando en mí. Yo estaba comenzando a comprender su abrumador afecto por mí, aun en medio de mi inmadurez espiritual.

El corazón de Padre que tiene Dios se estremecía tanto de gozo conmigo—un bebé espiritual inmaduro y fabricante de enredos—, como con uno de sus hijos espiritualmente maduros que se acababan de graduar con honores en la escuela del Espíritu. Mi Padre celestial estaba disfrutando de mí mientras yo me hallaba aún en el *proceso* de maduración; no había estado suspirando con repugnancia y esperando impaciente a que creciera. Me amaba y ansiaba tenerme consigo; se sentía orgulloso y emocionado por mí, aun en los momentos en que yo no llegaba a la altura requerida.

Es de imaginarse la sensación de expectación y de emoción que me llenó el corazón al darme cuenta de que mi Señor y yo podíamos tener una amistad maravillosa; que podía haber entre nosotros un firme apoyo y un afecto; un amor mutuo y una inmensa confianza entre ambos. Aquello era demasiado bueno para ser cierto. Lloré de gozo. Y cuando por fin cesaron las lágrimas, pude sentir que se desvanecían la ira, la amargura, la culpa y la condenación. Mi corazón se sentía muy diferente. A medida que mi confianza en Él crecía, mi corazón se volvía blando y moldeable, ferviente y afectuoso. El hecho de comprender el gran afecto que Dios me tenía hizo que se encendiera mi amor por Él. Mi pequeña y vacilante llama de celo humano fue reemplazada or un consumidor incendio de amor apasionado por una *persona* gloriosa. Su intensa dedicación a mí y su ardiente afecto por mí excedían en mucho a los de mi padre de la tierra... y yo supe que nunca jamás volvería a ser como antes.

3

....

¿Es demasiado pequeño su Dios?

Nunca habría creído que hubiera nada capaz de hacerme inclinar para adorar un ídolo. ¿Idolatría, yo? Bueno, en realidad no era un ídolo. Era... No; creo que será mejor que comience por el principio.

Estábamos en la primavera de 1972, y desde principios de año ya había visto la película *Los Diez Mandamientos,* con Charlton Heston, unas diez veces, en el cine para autos de la localidad. Estaba totalmente lleno de reverente asombro por el encuentro de Moisés con Dios en la zarza ardiente, y después de leer la película, había leído el Éxodo una y otra vez. Mi parte favorita era la advertencia hecha por Dios a Moisés: "No me verá hombre, y vivirá" (Éxodo 33:20). Citaba aquel versículo cada vez que tenía una oportunidad en mis grupos de estudio bíblico de la secundaria, asegurándoles a mis amigos que era cierto, y que Dios estaba hablando muy en serio. Todos ellos escuchaban con gravedad, aun uno de ellos me advirtió que aquel versículo parecía un poco más fuerte de la cuenta para que yo lo tuviera como mi gran versículo bíblico favorito de todos los tiempos.

Durante mi fase de "zarza ardiente", nuestro grupo de jóvenes de la iglesia presbiteriana viajó hasta Dallas, Texas, para ver a Billy Graham y verlo predicar a ciento veinte mil personas en una campaña de fin de semana de Campus Crusade llamada "Expo '72". Sus sermones acerca del precio del discipulado exhortaban a sus oyentes a evangelizar al mundo entero. Entusiasmados con los poderosos mensajes de Graham, mi amigo Steve y yo estábamos totalmente convencidos de que habíamos oído a Dios, que nos ordenaba irnos al África. Seríamos misioneros y evangelizaríamos a todo aquel continente pagano. Lo único malo era que teníamos planes de salir en agosto, lo cual sólo me daba dos meses para prepararme.

Éramos estudiantes del penúltimo año de secundaria y carecíamos de apoyo económico, de orientación y de adiestramiento. Pero el hecho de que ambos sólo teníamos dieciséis años no nos preocupaba en absoluto. Estábamos convencidos de que Dios nos había llamado, así como había llamado a Moisés en *Los Diez Mandamientos*. Lo que nos faltaba en dinero y sabiduría, lo compensaríamos con nuestro celo juvenil. Mientras viajábamos de vuelta a Kansas City, Steve y yo hicimos los planes para la estrategia misionera que usaríamos en la labor de convertir al África.

Ya eran más de las diez de la noche cuando Steve y yo llegamos a la Casa de Discipulado de Colonial Presbyterian, donde estábamos viviendo durante aquel verano con ocho compañeros más. Ellos aún no habían llegado de Dallas. Estábamos cansados y no sentíamos deseos de esperarlos. Nos desvestimos y apagamos las luces. Atravesamos a tientas el oscuro sótano que usábamos todos como dormitorio, y caímos agotados en nuestras camas.

"Antes de dormirnos, vamos a comprometernos una vez más con Dios a ir a los campos misioneros del África", lo exhorté piadosamente. Cerrando los ojos, oramos en voz alta uno primero y el otro después. "Señor", oré yo con todo fervor, "estamos seguros de que iremos. Yo sé lo mucho que el África nos necesita. Sabemos que aún no estamos bien adiestrados, pero tampoco lo estaba Moisés. Oh Señor, te rogamos que nos confirmes esto."

Steve y yo abrimos los ojos y, sin advertencia previa alguna, ambos vimos algo muy extraño. Una luz fuerte y brillante apareció directamente al otro extremo de la habitación, a unos cuantos centímetros del suelo. Yo casi podía jurar que ardía con tanto resplandor como la zarza ardiente que había visto en el cine al aire libre. Seguramente se trataba de la confirmación que habíamos pedido en nuestra oración. "¡Debe ser Dios!", susurré yo emocionado.

Estupefactos y temblando de temor, Steve y yo nos deslizamos fuera de nuestras camas y nos arrastramos por el suelo, acercándonos al fuego. "¡No mires, Steve!", susurré, haciéndole la misma advertencia que le había repetido tantas veces; "No mires a Dios, porque si lo haces, vas a morir!" Steve me dijo susurrando que había comprendido aquel principio.

Fuimos a gatas hasta la luz; después nos arrodillamos uno junto a otro, y nos cubrimos los ojos con las manos. Entre los dedos, aún podíamos ver el resplandor de aquel misterioso fuego parpadeante.

"Oh, Señor", susurré, "envíanos al África".

Atreviéndonos apenas a respirar, esperamos la respuesta de Dios. Pasaron varios minutos, pero todo seguía en silencio. "¡No mires, por favor!", dije de nuevo hacia donde estaba Steve. "¡Si miras, puedes estar seguro de que te vas a morir!"

Una vez más, Steve me aseguró que entendía. Los segundos seguían pasando lentamente. "Y ahora, ¿qué hacemos, Mike?", me preguntó en voz muy baja.

"Ora un poco más alto esta vez, por si acaso."

Steve oró, y esperamos. Cuando vimos que no había respuesta, nos fuimos turnando un par de veces para citar diferentes versículos de la Biblia. Una vez más, el silencio fue la respuesta.

Yo hasta traté de imitar el acento británico de Stephen Olford, uno de mis predicadores favoritos, mientras oraba y citaba Isaías 6:8: "Heme aquí, envíame a mí", pero nada parecía funcionar. Por último, Steve no pudo seguir resistiendo aquella espera.

Miró.

De inmediato, lanzó un espeluznante grito y me cayó encima, tirándome a mí también al suelo. ¿Acaso no le había advertido que no mirara? Ahora, seguramente el Señor lo habría matado.

Cuando caí al suelo, abrí primero un ojo y después el otro. Para horror mío, vi un viejo calentador de agua común y corriente cuya llama piloto—probablemente para muy santa diversión de Dios—se había encendido en el preciso momento en que nosotros le pedíamos una señal al Señor. Yo ni siquiera sabía que el calentador de agua estaba en aquel armario empotrado, porque había estado escondido detrás de algunas piezas de ropa. Uno de nuestros compañeros de cuarto se había marchado durante la semana en que nosotros estábamos fuera de la ciudad. Detrás de toda su ropa se hallaba aquel calentador de agua, anteriormente invisible por esa razón a sus adoradores en potencia.

Avergonzados más allá de cuanto pudiéramos decir, Steve y yo nos derrumbamos en el suelo, prometiéndonos uno a otro que nunca contaríamos lo sucedido. Pero aquello era demasiado bueno para quedarse callado. Le aseguro que le costaría convencer a cualquiera de nosotros dos de que Dios no tiene sentido del humor.

Ni Steve ni yo fuimos al África aquel verano. Después del episodio en que nos arrodillamos delante del calentador de agua, optamos por quedarnos en Kansas City y terminar nuestros estudios de secundaria.

Éramos cristianos jóvenes y no comprendíamos muchas cosas. No debíamos ir al África... al menos mientras fuéramos estudiantes del penúltimo año de secundaria. Nuestra experiencia con la zarza ardiente sólo era un calentador de agua. Pero sí había una cosa que estaba clara para nosotros: La gloria de Dios se halla por encima de todo cuando hayamos imaginado jamás. Desde mi adolescencia, me ha dominado el anhelo de ver a Dios, de tener un corazón que lo busque y de crecer en su conocimiento.

En aquellos años fue cuando descubrí libros como *The Knowledge of the Holy* ["El conocimiento del Santo"], por A. W. Tozer, *Gleanings in the Godhead* ["Espigar en el Ser divino"], por Arthur W. Pink, y *Knowing God* ["El conocimiento de Dios"], por J. I. Packer. Los devoré de principio a fin. El fuego santo que ardía en el alma de aquellos hombres que parecían conocer el esplendor y la majestad de Dios de una manera tan íntima, hacía arder mi propio corazón.

El conocimiento del Santo es el que enciende de pasión el corazón. Yo leía mi Biblia y aquellos tres libros una y otra vez. Mientras los leía, meditaba y oraba, el Espíritu Santo tomaba el martillo de la verdad y comenzaba a romper algunos de los conceptos inadecuados e inferiores sobre Dios que se habían metido en mi vida. Así comenzó a poner nuevos cimientos, y este proceso sigue en marcha aún hoy en día. Mi hombre interior se halla continuamente en el proceso de ser renovado en la adquisición de un conocimiento más pleno y completo de Dios y de su gloriosa personalidad.

Cada uno de los creyentes, y la iglesia en general, tenemos muy poco conocimiento de cómo es Dios en realidad. Nuestra ignorancia sobre su personalidad tan gloriosa y diversa echa a perder nuestra religión. Nos lleva a errores en nuestras doctrinas y contribuye a la destrucción de nuestra firmeza y pasión al adorar. Nuestras ideas inadecuadas acerca de la personalidad de Dios tienen por consecuencia el que no desarrollemos un profundo afecto por Jesús que nos lleve a obedecerlo con un abandono carente de temor. Nuestras defectuosas ideas religiosas sobre Dios dañan nuestra relación con Él, vacían nuestra vida de oración y hacen desaparecer el gozo de nuestro sacrificio al servir.

J. I. Packer diagnosticó correctamente esta gran enfermedad de la iglesia cuando escribió:

> La mente de los cristianos se ha conformado al espíritu moderno: el espíritu... que produce grandiosos pensamientos acerca del hombre y sólo deja lugar para unos pensamientos pequeños acerca de Dios.[1]

¿Cuál es el tamaño de su Dios?

Todos los días, nuestro mundo es afectado de una manera trágica por personas que tienen poca o ninguna idea de la trascendencia de Dios. Gran parte de la creación no sabe—o no le interesa—que su Creador no tiene igual, no tiene rival y ocupa una posición suprema. La *trascendencia*, cuando se refiere a Dios, significa que Él existe, no sólo en el ámbito de la realidad, sino también más allá de él. En otras palabras, Dios no es como nosotros; está muy lejos de serlo. Des es exaltado muy por encima de su universo creado; tan por encima, que ni siquiera las mentes humanas más brillantes pueden comenzar a profundizar en este pensamiento. Tozer lo explica así:

> La oruga y el arcángel, a pesar de lo remotos que están el uno del otro en la escala de las cosas creadas, son uno en el hecho

de que ambos son creados. Ambos pertenecen a la categoría de las cosas que no son Dios, y están separados de Dios por la infinitud misma.[2]

En los tiempos del Antiguo Testamento, cada vez que Dios se les aparecía a los hombres, el resultado era una abrumadora sensación de espanto y de pavor. Cuando le habló a Abram, su amigo tan apreciado, éste cayó sobre su rostro (Génesis 17:3). Cuando el Ángel de Jehová se le apareció a Moisés en una llama de fuego en medio de una zarza, Moisés escondió el rostro, porque tenía miedo de mirar a Dios (Éxodo 3:2-6).

En cambio, en nuestros días hay muchos tan ciegos a la trascendencia de Dios, que manifiestan una profunda falta de consideración hacia Él. Si la persona no está consciente de la inmensa superioridad y supremacía de Dios, que van más allá de este universo y del tiempo mismo, tiene poco temor de Él. Si no tenemos temor de Dios, el temor a las consecuencias ya no nos impide nada, y quebrantamos sus decretos sin titubear. La espiral descendente de la moral en nuestra sociedad es directamente proporcional a la forma en que vamos perdiendo nuestra comprensión sobre la grandeza de Dios. En la mente de la mayoría de las personas que creen que hay un Dios, Él sólo es un poco más que cualquier funcionario electo, y no se le debe tomar demasiado en serio.

¿Por qué tiene nuestra sociedad un concepto tan limitado e irreverente de Dios? La respuesta es simple: ¡La Iglesia no lo ha proclamado! El concepto de Dios que tiene la Iglesia es también demasiado pequeño.

Para muchos cristianos, Jesús es más como Papá Noel, o como un psicólogo popular, que como el Santo distinto a nosotros que juzgará a los cielos y la tierra con su palabra.

Nuestra generación no ha tenido una revelación plena de la gloria de la personalidad de Dios. Pero cuando la más pálida luz sobre la insuperable grandeza de Dios se abra paso en nuestra mente, sabremos lo que significa caminar quedos ante el Señor y obrar nuestra salvación con temor y temblor.

Dios amaba grandemente a Daniel y le concedió una sobrecogedora visión:

Su cuerpo era como de berilo, y su rostro parecía un relámpago, y sus ojos como antorchas de fuego, y sus brazos y sus pies como de color de bronce bruñido, y el sonido de sus palabras como el estruendo de una multitud. Y sólo yo, Daniel, vi aquella visión, y no la vieron los hombres que estaban conmigo, sino que se apoderó de ellos un gran temor, y huyeron y se escondieron. Quedé, pues, yo solo, y vi esta gran visión, y no quedó fuerza en mí, antes mi fuerza se cambió en desfallecimiento, y no tuve vigor alguno... Y he aquí una mano me tocó, e hizo que me pusiese sobre mis rodillas y sobre las palmas de mis manos.

—Daniel 10:6-8, 10

Daniel quedó incapaz de hablar y de respirar, y completamente agotado (Daniel 10:15, 17). En la visión se le dijo que el Señor había enviado al arcángel Miguel a combatir contra el príncipe demoníaco de Persia. El mensajero que vio Daniel en aquella visión sólo era otro ángel de bajo rango. ¿Cómo habrían sido las cosas si hubiera contemplado a Miguel, o incluso al Señor mismo? Sin duda, una revelación así cambiaría nuestra manera de pensar acerca de muchas cosas. Nuestra adoración se encendería de pasión.

Cuando comenzamos a comprender las excelencias de la personalidad de Dios, nos sentimos horrorizados ante la ética decadente y la moral corrompida que hay en nuestras iglesias y en nuestra nación. Ya sea por comprensión y revelación espiritual, o por visiones a todo color, el efecto es el mismo. La contemplación de la santidad y la gloria de Dios revela la presencia del pecado y su terrible fealdad.

Es probable que Isaías fuera el hombre más justo de sus tiempos en Israel. Era el profeta de Dios. Observe su reacción después de contemplar la visión del Señor sentado en su trono:

Entonces dije: ¡Ay de mí! que soy muerto; porque siendo hombre inmundo de labios, y habitando en medio de pueblo que tiene labios inmundos, han visto mis ojos al Rey, Jehová de los ejércitos.

—Isaías 6:5

Cada nueva revelación de la santidad de Dios hace resplandecer siempre su rayo de luz sobre nuestra propia situación.

EN DIOS NO HAY CONTRADICCIONES

Los pensamientos mezquinos acerca de la personalidad de Dios son obstáculo para que haya una relación íntima con Él. Nuestra ignorancia sobre ella también nos ha conducido al error en la teología y la doctrina de la Iglesia. El creyente promedio se siente intimidado con frecuencia cuando oye palabras como *teología* y *doctrina,* porque suenan muy intelectuales y llenas de controversia. La teología no es más que el estudio de Dios y de su relación con el ser humano y con el universo. Y la doctrina es lo que se enseña como conjunto de creencias de una iglesia. No se pueden dejar de lado la teología y la doctrina para convertirse en "solamente cristiano".

Los conceptos incorrectos sobre Dios pueden crear confusión y malos entendidos. Por ejemplo, nuestro conocimiento imperfecto de Dios nos ha llevado a veces a imaginárnoslo en conflicto consigo mismo: su paciencia luchando contra su ira, o su justicia batallando con su misericordia. Tozer lo expresa así: "Entre sus atributos no puede existir contradicción. Él no necesita suspender uno para ejercer otro, porque en Él, todos sus atributos son uno."[3]

Cuán necesario es que haya más creyentes que comprendan que Dios es inmutable; que Él nunca cambia. Lo que siempre ha sido, es lo que siempre será. Dios nunca suspende uno de sus atributos para ejercer otro. Por ejemplo, Él nunca disminuye en su santidad cuando ejerce su amor y su misericordia. Ninguna de las cualidades de Dios disminuye jamás ni en el grado más mínimo.

De hecho, cuando un aspecto inmutable de la naturaleza de Dios parece estar en conflicto con otro de sus atributos inmutables, es cuando podemos captar un destello de su grandeza.

Supongamos que hay un jardinero que ha sembrado y cuidado un cantero de flores destinado a ganar un premio en un concurso. Ese jardinero no va a reparar en gastos. ¿Qué detestaría más el jardinero: una hierba mala en el campo, o una hierba mala en el cantero de sus flores tan apreciadas? Es obvio que detestaría más la mala hierba del cantero, porque les quita la vida a sus valiosas flores y destruye la gloria de su obra.

De esa misma forma detesta Dios todo pecado. Nada describe mejor la forma en que Él aborrece el pecado en un malvado, que el grado de castigo eterno que le destina. Sin embargo, aborrece infinitamente más el pecado en la vida de los cristianos, porque nosotros somos su viña, el "plantío de Jehová" (Isaías 61:3). La cosa más maravillosa de todas es que Él nos ama con amor eterno y nos considera perfectamente justos, debido a nuestra fe en Cristo y en la obra que Él realizó en la cruz.

Yo detesto el pecado de la mentira. Pero lo detestaría mucho más si lo encontrara en uno de mis propios hijos. ¿Por qué? Porque soy su padre. Los amo, y ellos llevan mi nombre.

Cuando uno comienza a comprender la santidad perfecta e inmutable de Dios, y al mismo tiempo se da cuenta de su insondable amor por uno, comprende por qué Él aborrece de esa forma el pecado que haya en nuestra vida. La actitud de despreocupación con respecto al pecado procede de una comprensión incompleta sobre Dios.

La cruz del Calvario fue la mayor de todas las manifestaciones de la personalidad y los atributos de Dios. Él, en su perfecta santidad, no excusa ni el pecado más pequeño. A Adán no le dijo: "¡Ya va una! ¡Que no vuelva a suceder!" Ese acto de desobediencia bastó para que cayera Adán con toda su raza.

Me han preguntado con frecuencia: "Si Dios es un Dios de amor, ¿cómo es posible que envíe a alguien al infierno?" Sin embargo, la pregunta más adecuada sería ésta: Si Dios es un Dios perfectamente santo, ¿cómo es posible que envíe a alguien al cielo?

¿Cómo es posible que un Dios santo y justo pase por alto el pecado de una manera arbitraria? ¿Cómo es posible que un Dios amoroso no lo perdone? La santidad inmutable y el amor incondicional chocan entre sí. Pero Dios no viola nunca su santidad, ni se aparta de su amor. La grandeza de Dios no se manifestó en el hecho de que perdonó nuestros pecados, sino precisamente en *la forma* en que los perdonó: envió a su Hijo como sacrificio perfecto por nosotros. El apóstol Pablo dijo en su carta a los Romanos que en la cruz, Dios se convirtió tanto en el justo, como en el justificador del que tiene fe en Jesús (Romanos 3:26).

Algunos tienen un concepto tan pálido, o una apreciación tan baja por la santidad y por el amor de Dios, que la cruz no les parece tan importante. No comprenden ni lo grande que es su necesidad, ni lo glorioso que es el don de Dios.

Jesús enseñó que aquél a quien se le ha perdonado mucho, ama mucho (Lucas 7:47). Alguien "ama mucho" cuando comienza a comprender la magnitud de lo que Cristo ha hecho por él. La revelación del conocimiento de Dios es la que hace nacer la pasión en nosotros.

NUESTRA VIDA DE ORACIÓN

La comprensión imperfecta de la inmutabilidad de Dios ha disminuido la calidad de la oración de muchos cristianos, y ha llevado a malentendidos con respecto a la naturaleza de la oración. No podemos "forzar a Dios", ni patalear como niños pequeños para hacer que Él nos dé lo que queremos. Los padres terrenales que son sabios no responden ante este tipo de tácticas, y nuestro Padre celestial tampoco lo hace.

Una comprensión más precisa de la bondad de Dios puede ser también una gran ayuda en la oración. La base de las bendiciones no es nuestra bondad, sino la bondad de Dios. El que comprendamos esto nos libera para poner nuestra seguridad y nuestra confianza en Dios mismo, en lugar de vernos forzados a apoyarnos en nuestra propia justicia, o en cuanta fe hayamos logrado reunir. Tozer dice:

> No puede haber mérito alguno en la conducta humana; ni siquiera en la más pura y mejor. La bondad de Dios es siempre la base de nuestra expectación. El arrepentimiento, aunque es necesario, no es meritorio, sino que es una condición para recibir el misericordioso don del perdón que concede Dios por su bondad. La oración en sí misma, no es meritoria. No le crea a Dios obligación alguna, ni lo pone en deuda con nadie. Él oye la oración, porque es bueno, y por ninguna otra razón. Tampoco es meritoria la fe, sino que sólo

es la confianza en la bondad de Dios, y su ausencia se refleja sobre la santidad divina.

Toda la actitud de la humanidad podría cambiar si todos pudiéramos creer que vivimos bajo un cielo amistoso y que el Dios del cielo, aunque exaltado en poder y majestad, está ansioso de ser amigo nuestro...

La grandeza de Dios provoca el temor dentro de nosotros, pero su bondad nos anima a no tenerle miedo. Tenerle temor y no tenerle miedo: ésa es la paradoja de la fe.[4]

En una ocasión vi unos dibujos de Daniel el Travieso que ilustran estas ideas. Daniel y su amigo salían de casa de la señora Wilson con galletas dulces en ambas manos. El amigo de Daniel se preguntaba qué habrían hecho ellos para merecerse aquellas galletas. Daniel le explicó: "La señora Wilson no nos da galletas porque seamos buenos. Nosotros recibimos las galletas, porque la señora Wilson es la que es buena."

¿Quién es el Señor, para que yo oiga su voz?

Hay cristianos que son como aquel arrogante faraón que le preguntó a Moisés: "¿Quién es Jehová, para que yo oiga su voz?" (Éxodo 5:2). De manera directa o indirecta, muchos creyentes han hecho una pregunta parecida: "¿Quién es Jesucristo para que se sienta con derecho a exigirle una obediencia total a su pueblo?" Como consecuencia, la Iglesia, que hoy está despertando, mira a su alrededor con desespero, observando el desastre producido por su ignorancia de la personalidad de Dios, su falta de discipulado y su obediencia parcial. Los años de pasividad, de descuido y de concesiones han causado grandes pérdidas. Durante un largo tiempo, la Iglesia ha hablado acerca del precio de la obediencia; ahora está aprendiendo cuál es el terrible precio de la desobediencia.

Sólo un destello de Él

Conozco personas que son totalmente fanáticas con respecto a los Kansas City Chiefs, el equipo de nuestra ciudad en la liga nacional de fútbol. Conocen al detalle la información sobre cada uno de los jugadores; se mantienen al día en todos los rumores del ambiente y pueden recitar de principio a fin y viceversa su calendario de juegos. Meditan en aquello de día y de noche. Se esfuerzan por aprender cuanto pueden acerca de su equipo amado.

Los que no se esfuerzan en la búsqueda de la anchura, la longitud, la profundidad y la altura de Dios, terminan aburriéndose de su fe (Efesios 3:18). Su comprensión superficial no capta su imaginación; mucho menos puede inflamar su pasión.

La gran necesidad de la Iglesia consiste en ver, conocer y descubrir la indescriptible gloria de quien Dios es. Ver el corazón, la mente y la personalidad de Dios es lo que va a curar nuestras concesiones e inestabilidades, y nos va a motivar a la justicia y a una pasión santa. Conocer personalmente y por experiencia propia la persona de Jesús es lo que inflama la obediencia y el celo. Es lo que detiene nuestra inquietud y nuestro descontento. Un nuevo nivel de profundidad en nuestra intimidad con Él es lo que acaba con nuestro aburrimiento y captura nuestro corazón. Sólo un destello de su persona...

Juan, a quien Jesús le puso por sobrenombre "hijo del trueno" (Marcos 3:17) debido a su temperamento turbulento e impetuoso, se convirtió en uno de los apóstoles más prominentes. A medida que iba caminando con Jesús, su temeridad, su intolerancia y su ambición egoísta fueron reemplazados por una santa mansedumbre y un apasionado amor.

Su propio evangelio dice con claridad que el Señor lo amaba grandemente. Era uno de los tres apóstoles más allegados a Jesús. Le fue permitido ver la resurrección de la hija de Jairo (Mateo 9:18-19) y estar presente en la transfiguración (Lucas 9:28-36). Fue él quien se reclinó sobre el pecho de Jesús en el banquete de Pascua (Juan 13:23). También estuvo presente en el juicio que se le siguió a Jesús, y fue el único apóstol que se mantuvo cerca de la cruz a la cual fue clavado. Poco antes de morir, Jesús no les encomendó el cuidado de María, su madre, a sus medio hermanos y hermanas, sino a Juan (Juan 19:26-27). Es este amigo tan querido de Jesús el que escribe en el Apocalipsis:

> Yo estaba en el Espíritu en el día del Señor, y oí detrás de mí una gran voz como de trompeta... "Yo soy el Alfa y la Omega... el que es y que era y que ha de venir..." Y vuelto, vi a uno semejante al Hijo del Hombre, vestido de una ropa que llegaba hasta los pies, y ceñido por el pecho con un cinto de oro. Su cabeza y sus cabellos eran blancos como blanca lana, como nieve; sus ojos como llama de fuego; y sus pies semejantes al bronce bruñido, refulgente como en un horno; y su voz como estruendo de muchas aguas. Tenía en su diestra siete estrellas; de su boca salía una espada aguda de dos filos; y su rostro era como el sol cuando resplandece en su fuerza.
>
> —Apocalipsis 1:10, 8, 12-16

Piénselo. Hay paráfrasis que traducen diciendo que Juan era *el mejor amigo* de Jesús (Juan 13:23). Pero cuando el Señor, a quien Juan había servido con toda fidelidad, se le apareció en su imponente majestad y gloria, Juan "cayó como muerto a sus pies" (Apocalipsis 1:17). Imagínese un hombre de la estatura espiritual y la experiencia de Juan, que quede totalmente vencido por este breve destello del Amigo querido al que ha servido con fidelidad por más de sesenta años.

Cuando entremos en contacto, aunque sea con una pequeña parte de su consumidora gloria, como le sucedió a Juan, nos sentiremos impulsados a vivir libres de pecado, a morir al egoísmo y a entregarnos apasionadamente al Señor. Cuando captamos un destello de su encanto, morimos con gusto a aquellas cosas que no son como Él.

Juan había visto a Jesús en su humildad. Tenía un aspecto igual al nuestro: no se veía demasiado trascendente. Pablo les escribió a los Filipenses que Jesús, quien existía en la forma de Dios, se vació a sí mismo hasta el punto de hacerse a semejanza de los hombres. Dice después que ahora ha sido exaltado hasta el punto de que al verlo, toda rodilla se dobla y confiesa que Él es Señor (Filipenses 2:5-11).

Aunque nadie conoció a Jesús más íntimamente que Juan mientras Él estaba en la tierra, la revelación de su exaltación resucitada hizo que Juan cayera a sus pies como muerto.

Mientras Jesús caminaba sobre esta tierra, su gloria estaba velada por su naturaleza humana. En la Biblia se usan los velos para esconder la gloria de Dios. Moisés se puso un velo sobre el rostro para esconder esa gloria; era un velo lo que escondía al lugar santísimo y a la gloria de Dios en el Tabernáculo, y el escritor de Hebreos habla "del velo, esto es, de su carne" (Hebreos 10:20).

Hay otro velo del que habla Pablo en su segunda carta a los Corintios, que también esconde la gloria de Dios. Es el velo que cubre el corazón e impide que la persona contemple la gloria de Cristo (2 Corintios 3:7-18).

La revelación del verdadero conocimiento del Cristo glorificado lo transformará. Pablo termina lo que dice sobre el velo que cubre el corazón con estas palabras:

> Por tanto, nosotros todos, mirando a cara descubierta como en un espejo la gloria del Señor, somos transformados de gloria en gloria en la misma imagen, como por el Espíritu del Señor.
>
> —2 CORINTIOS 3:18

LA FUERZA IRRESISTIBLE

El enemigo ha asaltado al pueblo de Dios. Ha debilitado y destruido nuestros cimientos, que se hallan en el conocimiento de Dios. Ha tratado de derrotarnos, diluyendo nuestra pasión por Jesús y alejándonos de la razón de ser que nos dio Dios mismo. Satanás ha hecho un buen trabajo. Pero Dios tiene reservada en su arsenal el arma secreta de todas las edades: el prodigioso conocimiento del esplendor de la persona de Jesús. La luz deslumbradora y el majestuoso encanto del conocimiento de Dios están a punto de resplandecer en la comunidad de los redimidos, y todas las fuerzas tenebrosas del infierno juntas no van a ser capaces de dominarla.

Juan escribió su relato muchos años después de los escritores de los otros tres evangelios. Al mirar al pasado, hizo este comentario sobre lo irresistible que es el conocimiento de Jesucristo.

Su vida es la Luz que brilla en la oscuridad, y las tinieblas no pueden extinguirla.

—JUAN 1:5, LA BIBLIA AL DÍA

El esplendor y la gloria de Jesucristo van a captar el afecto de la Iglesia de una forma nueva. Las concesiones al mundo y la pasividad se van a resolver cuando el Señor nos permita ver con mayor profundidad su belleza y su gloria personales. El cuerpo de Cristo va a redescubrir su persona y majestad. Cuando esto suceda, nos entregaremos a Él con un afecto y una obediencia sin paralelo.

4

....

DEL CONOCIMIENTO ÍNTIMO AL AMOR APASIONADO

Entré en aquel pequeño local convertido en iglesia para hablarle a un grupo de nuevos cristianos, sin soñar siquiera que mi vida estaba a punto de quedar transformada para siempre. Tenía veintiún años, y estaba ansioso por dar todo cuanto tenía por servir al Dios que me había mostrado su incondicional amor. Era un pastor joven, y hasta había decidido imprudentemente que la mejor manera en que le podría servir sería quedarme soltero para el resto de mi vida.

Mis ojos recorrieron aquel pequeño grupo de cristianos que se habían reunido en el salón. Fue entonces cuando noté la presencia de una hermosa joven rubia al otro lado de la habitación. El corazón me dio un salto. Nunca había sentido emociones tan intensas como las que me embargaron al ver al otro extremo de la habitación a Diane, la joven que se habría de convertir en mi esposa. La primera vez que salimos juntos, me sorprendió que ella pareciera compartir mis sentimientos, y después de aquella primera salida, quedamos comprometidos para casarnos.

Mi profundo amor por Diane y mi deseo de estar con ella me ayudaron a comprender el amor de Cristo por su novia. Su oración de Juan 17 me conmovía de manera especial: "Padre, aquellos que me has dado, quiero que donde yo estoy, también ellos estén conmigo" (Juan 17:24). Era mi Señor, sólo horas antes de su horrible muerte en el Calvario, clamando al Padre con un vehemente deseo por su novia... por mí.

Se consumía de amor por su novia y ansiaba tenerla consigo por toda la eternidad.

Así fue como pude ver de una manera nueva y distinta esta oración de sumo sacerdote que es, a mi parecer, la oración de intercesión más significativa de todas las Escrituras.

Hacia el final de lo que ha quedado escrito de esta oración, el enfoque se desplaza de la primera generación de cristianos, cuando Jesús comienza a orar por la Iglesia a lo largo de toda su historia. Intercede por todos los futuros creyentes que lo van a llegar a conocer. En estos versículos hallamos promesas proféticas para la Iglesia. Vemos en ellos los propósitos de Dios de una forma que no podemos hallar en ningún otro lugar de las Escrituras. Una vez que se va más allá de una lectura superficial e informal de los versículos 20 a 26, se encuentra que cada frase contiene diversos niveles de significado.

Jesús nos hizo una promesa poderosa: "Edificaré mi iglesia; y las puertas del Hades no prevalecerán contra ella" (Mateo 16:18). Al final de su gran oración profética, nos deja vislumbrar la Iglesia llena de poder y pasión que Él va a edificar:

> Y les he dado a conocer tu nombre, y lo daré a conocer aún, para que el amor con que me has amado, esté en ellos, y yo en ellos.
>
> —JUAN 17:26

Es algo magnífico ver al Hijo de Dios orando por la Iglesia, su novia amada, por última vez mientras se halla revestido de carne humana. No nos puede caber la menor duda de que la oración de Cristo para pedir una Iglesia así, será respondida. Fue dirigida por el Padre, recibió su energía del Espíritu Santo y estaba de acuerdo con la voluntad del Padre. Jesús nunca erraba al orar.

Es obvio que esta oración contiene una dimensión eterna, pero los versículos 21-23 revelan que la respuesta a ella no se halla sólo en el cielo. Es algo que se va a producir a este lado de la eternidad, de manera que los que no son salvos lo puedan presenciar. Jesús oró para que el mundo pudiera contemplar una Iglesia así. El comienzo del cumplimiento de esta oración se produce en esta misma era.

LAS CUATRO AFIRMACIONES PROFÉTICAS DE LA ORACIÓN SACERDOTAL

> Y les he dado a conocer tu nombre, y lo daré a conocer aún, para que el amor con que me has amado, esté en ellos, y yo en ellos.
>
> —JUAN 17:26

En este versículo hallamos cuatro frases clave que describen el ministerio terrenal de Cristo. Veamos estas frases una por una, para examinarlas con mayor detenimiento.

1. "Les he dado a conocer tu nombre"

"Les he dado a conocer tu nombre." Es la ardiente motivación que hacía palpitar el corazón de Cristo durante sus tres años y medio de ministerio en esta tierra. Cuando todo terminó, resumió ese ministerio terrenal completo, diciéndole al Padre: "Les he dado a conocer tu nombre".

Jesús le había dado a la gente una revelación del conocimiento de Dios y había mostrado cómo era su Padre. Les había dado a conocer el esplendor de la gloriosa personalidad de su Padre.

No creo que Jesucristo disfrute más con ninguna otra cosa, que cuando les revela a los demás el infinito esplendor, la maravillosa belleza y el eterno encanto de su Padre. Todos los aspectos de su ministerio reflejan el indescriptible encanto de Dios Padre. Ahora, al final de su vida en la tierra, su gran proclamación es que ha dado a conocer al Padre.

Algunas veces hablamos del ministerio de Jesús sólo en función de las sanidades físicas y emocionales, o de la predicación y la enseñanza del Evangelio. Sin embargo, su ministerio no estuvo confinado a los milagros y la doctrina solamente. Estas dos categorías del ministerio de Cristo apoyan un elemento más importante de su misión en esta tierra. Lo que definía de manera más significativa su ministerio era la forma en que Él reflejaba la gloria y el esplendor infinitos de su Padre.

Cuando la gente oía las palabras de Jesús, observaba su estilo de vida y presenciaba el equilibrio perfecto que había en su personalidad, y su carácter sin defecto de ninguna clase, recibía un destello del esplendor y la belleza de Dios Padre.

La gloria de Cristo consistía en revelar a su Padre, pero usted y yo tenemos el mismo privilegio y la misma responsabilidad. Pablo nos recuerda esta realidad:

> Mas a Dios gracias, el cual nos lleva siempre en triunfo en Cristo Jesús, y por medio de nosotros manifiesta en todo lugar el olor de su conocimiento.
>
> —2 CORINTIOS 2:14

El Espíritu de Dios nos lleva al triunfo y la victoria para que podamos manifestar el dulce olor del conocimiento de Dios dondequiera que vayamos. Yo experimenté ese triunfo cuando aprendí a soltar la ira y la amargura que había sentido como consecuencia de la lesión sufrida por mi hermano. Cuando me desprendí de la ira, el Espíritu Santo llenó ese lugar con amor y con una nueva comprensión del corazón de Dios. Es que Dios anhela que nosotros experimentemos lo que es la comunión con el Espíritu Santo, para que seamos transformados, llevados a la victoria de dentro a fuera; una victoria que toca nuestro corazón, mente y emociones. Entonces manifestaremos el suave olor del conocimiento de Dios en privado, en público y en todas nuestras interacciones espontáneas. Eso es lo que hizo Jesús.

Con frecuencia, ese suave olor es la manifestación de la presencia de Dios. Cuando vemos a Dios en otra persona, ya sea en sus acciones, en sus palabras o en el silencio de su espíritu, hay un frescor puro que nos toca el corazón. Cada vez que el Espíritu de Dios nos capacita para romper una atadura, o para triunfar sobre una adicción o debilidad y llegar a la victoria, ese triunfo libera en nosotros más e esa fragancia de una persona gloriosa llamada Jehová, Dios Padre (2 Corintios 2:14).

Jesús describió su ministerio diciendo que consistía en darles a conocer a otros el nombre de su Padre. Mi meta consiste en ayudar a la gente a pensar en el ministerio como algo que va más allá de lo que sucede en las reuniones, o cuando servimos a los demás, los aconsejamos u oramos por ellos. El *ministerio,* en su definición más básica, consiste en "la manifestación del conocimiento de Dios a través de nuestra vida".

El invisible aroma del conocimiento de Dios del que habla Pablo, tiene poder. Nos levanta de un nivel de vida a otro. El corazón se nos ablanda. Nos volvemos más preocupados por los demás, más compasivos, pacientes, amorosos y dispuestos a perdonar. Nos volvemos más sensibles al Espíritu de Dios. Somos más como Jesús. Para crecer hacia la madurez, debemos conocer a Dios Padre de una manera más íntima. Nuestro ministerio más vital consiste en revelarles a los demás la belleza y el esplendor de la personalidad de Dios.

Es fácil leer un libro o escuchar una cinta, y aprender así nuevas verdades de las cuales podamos hablar. Es fácil ser un eco en lugar de ser una voz. Pero hay una cierta calidad de ministerio que sólo aparece cuando usted y yo tocamos a Dios de verdad en nuestra vida secreta.

Para ser cristianos maduros, todos debemos tener una vida secreta en Dios que esté escondida de los ojos de los demás. Recuerdo los primeros tiempos desde que comencé a tener esta intimidad con Dios. Llegaba ante Él con una lista de necesidades y deseos. Luchaba por sentir su presencia mientras lanzaba mis palabras al aire, sin experimentar nunca en realidad la maravilla de que Él estuviera allí presente conmigo.

Recuerdo en especial un momento en el que me había aislado en mi oficina para tener un momento de oración. Había estado estudiando el Cantar de los Cantares, y comencé mi oración con la invitación de Jesús a dejar que Él pusiera su sello sobre mi corazón: "Ponme como un sello sobre tu corazón, como una marca sobre tu brazo; porque fuerte es como la muerte el amor; duros como el Seol los celos; sus brasas, brasas de fuego, fuerte llama" (Cantar de los Cantares 8:6). Me sentí inundado en la presencia de Dios. En aquel momento, Él me estaba ablandando el corazón. Las lágrimas me comenzaron a rodar por el rostro.

No queriendo perder el maravilloso valor de aquel momento, llamé con suavidad a mi secretaria por el intercomunicador y le dije que no dejara que nada ni nadie me interrumpiera durante los treinta minutos siguientes. Me sumergí por completo en la presencia de Dios.

Llevaba unos quince minutos adorando a Dios rendido a sus pies, cuando mi secretaria me llamó de pronto a mi oficina.

"¿Qué está haciendo?", le pregunté irritado. "No quería que me molestaran todavía."

"Lo siento mucho", me respondió. "Pero tiene una llamada, y la persona que llamó dice que es muy importante que hable con usted enseguida."

Molesto porque me habían distraído de aquellos momentos de intimidad con Dios, levanté el auricular. Un conocido mío estaba al otro lado de la línea. "Mike", comenzó a decirme emocionado, "anoche soñé contigo. El Señor me ha indicado con gran claridad que te dé un versículo como mensaje suyo para ti."

Dejé de sentirme molesto cuando escuché sus palabras: "Dios dice que te ha puesto como un sello sobre su corazón, como una marca sobre su brazo. Y quería que supieras eso ahora mismo."

Mi maravilloso Dios me amaba lo suficiente para responder a mis anhelos en el momento mismo en que se los había expresado. De hecho, su respuesta ya estaba en camino hacia mí mientras yo entraba en aquel momento de intimidad secreta con Él.

Cuando entramos en comunión con Él por medio de la oración, meditamos en su Palabra y contemplamos su gloria en nuestro lugar secreto, se desarrolla en nosotros una expresión de Cristo que es hermosa y única.

Cuando la vida de oración crece, nace de ella un ministerio más maduro. Esto va más allá de la dedicación de más tiempo a orar. Es poseer en el corazón esa calidad que le responde a Dios con mayor fuerza; es tener un corazón que tiene ansias de Él y trata de alcanzarlo, de la misma forma que las flores giran en busca del sol.

La Iglesia necesita recuperar con toda urgencia este enfoque del ministerio de Cristo. Nosotros también le debemos tratar de revelar la naturaleza y el esplendor de Dios a su creación. Como Jesús, usted y yo debemos ser capaces de decir: "Les he dado a conocer tu nombre".

2. "Y lo daré a conocer aún"

A continuación, Jesús hace una gloriosa declaración que se refiere al futuro: "Y lo daré a conocer aún [tu nombre]". Él sabía que aunque estuviera sentado a la diestra de su Padre, seguiría revelando el majestuoso corazón de ese Padre por medio del ministerio del Espíritu Santo. Una de sus prioridades sería descubrir y revelar la pasión, los anhelos y las complacencias del Padre a su Iglesia.

Antes de que Jesús venga *por* su Iglesia, va a venir *a* la Iglesia; a las personas que conocen a Dios en el encanto de su personalidad. Todos llegaremos "a la unidad de la fe y del conocimiento del Hijo de Dios, a un varón perfecto, a la medida de la estatura de la plenitud de Cristo" (Efesios 4:13). Su majestuoso esplendor y su indescriptible encanto le serán revelados a su pueblo. El nombre de Dios será dado a conocer entre las naciones. La Iglesia será llena del conocimiento íntimo de Dios Padre, Hijo y Espíritu Santo. De esta forma la hará madurar y la perfeccionará.

La gran pasión de Cristo consiste en seguir revelando al Padre. Eso es lo que está haciendo ahora en su ministerio celestial, sentado a la diestra del Padre. Eso es lo que va a estar haciendo durante toda la eternidad. La Iglesia de hoy no debe estar en desarmonía con el ministerio presente de Jesús: la revelación del Padre al corazón de los seres humanos. Cuando otras personas entran en contacto con el Jesús resucitado, quedan cautivadas por el encanto, la belleza y el esplendor de la personalidad de Dios.

3. "Para que el amor con que me has amado, esté en ellos"

"Les he dado a conocer tu nombre, y lo daré a conocer aún." ¿Para qué? "Para que el amor con que me has amado, esté en ellos." Cuando Jesús nos introduce en las profundidades del corazón de su Padre, nosotros "vemos a Dios" de una manera más maravillosa. El hecho de ver a Dios despierta en nosotros un apasionado amor por Jesús. Lo que vemos afecta a nuestros sentimientos. Nuestras emociones cambian cuando vemos el esplendor de Dios.

Jesús pide en su oración que el cuerpo de Cristo lo ame a Él de la forma en que su Padre lo ama. Es una oración muy impresionante. Pero Él va a revelar al Padre, y éste a su vez va a capturar nuestro corazón para Él. Jesús debe estar diciendo algo así en su oración:

Padre, eres infinitamente hermoso. Tu esplendor está muy por encima de lo que puede comprender la humanidad. Yo quiero darte a conocer. Sé que tú vas a cautivar los corazones de la gente para mí. Van a sentir por mí lo que tú sientes. Mi novia amada, mi compañera eterna, mi pareja para siempre, la que tú dispusiste que reinara conmigo como coheredera, me va a amar como tú me amas.

Aquí podemos apreciar el funcionamiento de una importante dinámica dentro de la Deidad. Dios Padre quiere tener un pueblo que haya despertado al afecto y la pasión por Jesús. Un pueblo que vea y sienta lo que Dios ve y siente cuando mira a su Hijo amado. Dios va a tener *una Iglesia apasionada* que ame a Jesús como Él mismo lo ama.

El Padre ejerció una sabiduría, un poder y una bondad infinitos cuando le escogió novia a su Hijo, y ha dispuesto que esa novia tenga una desbordante pasión por Él.

Sí; la Iglesia va a estar llena de actividades y de ministerios, pero la cuestión más distintiva de todas en el corazón de Dios es cautivar a la Iglesia con un apasionado afecto por su amado Hijo. El Espíritu Santo siente celo por lograr ese propósito en esta hora.

En septiembre de 1985, nuestra iglesia acababa de comenzar varios programas de extensión. En medio de aquellas actividades, Dios les habló a tres miembros del equipo de líderes, y a cada uno de ellos le dio el mismo mensaje: "Ustedes se han excedido en la importancia que les han dado a las actividades y los ministerios. Necesitan centrarse de nuevo en la oración y la intercesión."

De inmediato reunimos a la iglesia, nos arrepentimos y recuperamos nuestro enfoque en la intimidad. Nos pasamos varios días orando todo el tiempo. Cuando nuestros corazones quedaron cautivados por el amor a Dios, el Espíritu Santo derramó en un instante un glorioso refrescar que invadió la vida de oración de nuestra iglesia para varios años.

En el tipo de vida precipitada que se lleva hoy es fácil dejar que nuestra vida pierda su enfoque y su perspectiva con un día entero en la oficina, actividades todas las noches de la semana y las faenas del hogar, o un segundo trabajo en el fin de semana. William

Wordsworth escribió, hace ya casi doscientos años: "El mundo está demasiado cercano a nosotros... En el afán de conseguir y gastar, vamos desperdiciando nuestros poderes."[1] En todo lo que adquiramos, debemos adquirir pasión por Dios.

Hay ocasiones en que me aparto de esta misión. Durante el verano de 1984, estuve ministrando en diversas iglesias. Después de un cierto culto, un hombre se me acercó y me ofreció enviarme en un viaje evangelístico a varios países. Me pareció una gran oportunidad para ministrar, y me sentí encantado ante la perspectiva.

Sin embargo, cuando volví a casa, no estaba tan seguro de que debiera aceptar su ofrecimiento. Nuestra iglesia se hallaba en medio de un intenso período de oración, y me daba la impresión de que estaría violando ese enfoque si me marchaba.

Mientras buscaba una respuesta del Señor, un amigo me llamó para darme un consejo sobre el cual tenía fuertes sentimientos. En resumen, esto es lo que me dijo: "Sé que se te ha abierto una puerta muy grande. Pero el Señor te ha llamado a permanecer firme en el lugar de oración durante este tiempo; Él quiere que te le consagres, sin que nada te distraiga." Al instante, me vino a la mente este versículo: "Pero temo que como la serpiente con su astucia engañó a Eva, vuestros sentidos sean de alguna manera extraviados de la sincera fidelidad a Cristo" (2 Corintios 11:3). Sabía que había recibido mi respuesta, y no hice el viaje.

Yo me tengo que recordar a mí mismo que no he sido llamado a ser un político espiritual. He sido llamado a ser un hombre desbordante de pasión santa y de un exorbitante afecto por Jesús. Eso es lo que le quiero ministrar a la gente. Eso es lo que he decidido convertir en el propósito que le da sentido a mi vida: conocer el nombre del Padre y darlo a conocer; amar a Jesús como el Padre lo ama, e inspirar a otros para que entren en la intimidad con Él.

4. "Y yo en ellos"

En primer lugar, Cristo dice: "Les he dado a conocer tu nombre". Después dice: "Y lo daré a conocer aún". ¿Para qué? Para que el mismo amor que el Padre tiene por Jesús les llene el corazón a los que creen en Él, y le dé su energía. Ahora, proclama el cuarto principio: "Y yo [estaré] en ellos".

Cuando se revelan las riquezas del conocimiento de Dios, ¿cuáles son las consecuencias? La calidad del amor que el Padre le tiene al Hijo va a estar presente en la Iglesia. Jesús va a habitar en los suyos, manifestando a través de ellos su desbordante vida.

El ciclo se cierra. Cuando Jesús manifiesta el ministerio de su vida a través de nosotros, declaramos el nombre de Dios y se lo damos a conocer a otros. A su vez, en ellos se despierta la pasión cuando ven a Dios y se enamoran de Él.

Todas las oración de Jesús eran promesas proféticas. Cada vez que oraba, lo hacía de acuerdo con la voluntad de su Padre. Esta oración de Jesucristo en Juan 17 va a ser contestada. Es una maravillosa promesa profética para la Iglesia.

Un nuevo despertar de la intimidad y la pasión

Hace falta el poder de Dios para darlo a conocer a Él. Hace falta el conocimiento de Dios para capacitar al ser humano a fin de que lo pueda amar. Dios hace falta para amar a Dios, y hace falta Dios para conocer a Dios.

La Iglesia va a estar llena del conocimiento de Dios. Jesús lo dijo, y Él no va a fallar. El Espíritu Santo va a utilizar la liberación de este conocimiento para despertar una sensación de profunda urgencia por adquirir intimidad con Jesús. Se acerca un nuevo despertar del conocimiento íntimo de Dios y, como consecuencia de ese despertar, la Iglesia va a estar llena de santa pasión por su Hijo. La intimidad y la pasión de inspiración divina se hallan en la agenda del Espíritu Santo, porque son cosas por las que oró Jesús.

Es evidente que la oración profética por la Iglesia no se ha cumplido nunca. Es lamentablemente visible que la Iglesia de hoy no ama a Jesús como lo ama el Padre. Además, no podemos hallar momento alguno en la historia, en el cual se haya cumplido esta oración de una forma importante y a nivel mundial. Pero el Padre mismo se ha comprometido a responder esta oración. El nombre del Señor va a ser conocido por los suyos de una manera íntima, y la Iglesia va a amar a Jesús como Dios Padre ama a su Hijo.

¿CÓMO SERÁ ESTO?

En ocasiones, he contemplado la Iglesia tibia y llena de concesiones de nuestros días, y me he preguntado: ¿Cómo será esto? ¿Cómo es posible que llegue a pasar alguna vez algo tan glorioso? Pero entonces recuerdo el lastimoso estado espiritual de Israel durante el tiempo en que Cristo ministró en la tierra. Al igual que nosotros, l nación de Israel y el mundo de aquellos días no tenían más posibilidades que el hecho de que Dios era, es y siempre será rico en misericordia. En el momento dispuesto por Él, por su propia voluntad, y porque a Él así le agradó, Dios intervino de una manera sobrenatural. El mismo celo ardiente del corazón de Dios que lo hizo enviar a Jesús por vez primera, va a realizar sus propósitos divinos en una generación llena de concesiones al mundo y en una Iglesia cómoda y carente de pasión. El celo de Jehová de los ejércitos lo hará.

No sucederá porque nosotros seamos mejores que los demás. La fuente del apasionado afecto por Jesús no va a estar en nosotros. Esa pasión siempre aparece cuando se ven la gloriosa personalidad de Dios y su obra en la cruz. Procede de un encuentro en el cual se logra ver, aunque sea de manera breve y nebulosa, quién es Dios y qué ha hecho.

No hay nada que Jesús quiera más, que una novia que ame lo que Él ama, y haga para siempre lo que Él hace. Su anhelo es tener una novia que comparta las pasiones y los propósitos de su corazón. Jesucristo va a tener una compañera eterna llena de un afecto apasionado y santo por Él. Oh, cuánto anhelo formar parte de una Iglesia gloriosa y sin mancha en nuestra generación; una Iglesia llena del conocimiento de Dios, que refleje su gloria y se sienta consumir de pasión por Jesús. Ésa es la Iglesia que va a estar preparada para enfrentarse al gran conflicto que ha de venir.

5

....

"Honrad al Hijo, para que no se enoje"

Me imagino que usted haya anhelado alguna vez poder contemplar los días del futuro y ver lo que le espera a la Iglesia. ¿Le gustaría comprender con exactitud lo que está sucediendo detrás de gran parte del caos y las perturbaciones que se están produciendo en el mundo de hoy?

En mis viajes a otros países, he sentido que se me destrozaba el corazón ante la creciente inmoralidad que he presenciado. Me abruman las desnudeces en los parques públicos y las actividades pecaminosas que abundan tanto en algunas de las ciudades principales de nuestro mundo. La maldad y la inmoralidad han alcanzado los niveles más altos de todos los tiempo. El mundo se consume con las pasiones del pecado. Sin embargo, se trata de unas pasiones falsificadas. Muchas naciones europeas sólo tendrán esperanza de ser sanadas de los traumas del pecado, si la Iglesia le permite a Dios que reemplace la pasión falsificada del mundo con la pasión pura y prodigiosa que tiene el Padre por los suyos. Cuando Dios reemplaza las pasiones del pecado por unas pasiones santas, es cuando las podemos vencer.

El Salmo 2 da una explicación mejor sobre los conflictos internacionales del presente, que los titulares de los periódicos de hoy. En este momento, tómese un instante para leer esos doce versículos. Puesto que este famoso Salmo mesiánico hace una descripción profética de los sucesos del final de los tiempos, su cumplimiento más grandioso se halla aún en el futuro. Nos revela la rebelión de los líderes humanos contra Dios y contra su Palabra. Esta rebelión ha ido en aumento a lo largo de la historia. Va a culminar al final de los tiempos, en el gran conflicto entre Dios y Satanás para que se decida quién es el que va a gobernar las pasiones del corazón humano.

UN DRAMA DIVINO

Charles Haddon Spurgeon, el famoso predicador británico, describía el Salmo 2 en forma de un gran drama en cuatro actos.[1] Se levanta el telón, y en la acción de los tres primeros versículos, los reyes y gobernantes rebeldes de la tierra representan sus papeles en la historia. Se cierra el telón. El segundo acto comienza con Dios Padre en el centro de la escena, respondiéndoles a los líderes malvados. Se cierra el telón y se abre de nuevo para el tercer acto. Esta vez es el Hijo de Dios el que tiene el papel estelar. El rey David se presenta en escena en el último acto, y lanza una advertencia que resuena a lo largo de los corredores del tiempo, desde la época de David hasta la segunda venida del Señor.

La trama de este drama se centra en la rebelión unificada de los reyes y gobernantes de la tierra contra el soberano decreto de Dios, según el cual Él le va a dar todas las naciones y los confines de la tierra a su Hijo como herencia.

¡Silencio! Es hora se tomar nuestros asientos. La obra está a punto de comenzar.

Primer acto: La agenda de Satanás

Al levantarse el telón, las naciones se hallan en pleno alboroto, mientras los reyes y gobernantes rebeldes de la tierra están reunidos para tramar su estrategia:

¿Por qué se amotinan las gentes, y los pueblos piensan cosas vanas? Se levantarán los reyes de la tierra, y príncipes consultarán unidos contra Jehová y contra su ungido, diciendo: Rompamos sus ligaduras, y echemos de nosotros sus cuerdas.

—Salmo 2:1-3

Los reyes de la tierra están desafiando el derecho de Dios a exigirles obediencia y a darle a Jesús los afectos de la raza humana como posesión suya (v. 8).

En toda la creación no hay nada que sea tan importante para Dios como el alma de un ser humano. Es la sede de los afectos, donde se mueven el amor y la verdadera adoración. Para el Padre es motivo de grave preocupación quién y qué controla los afectos de las personas. Fuimos hechos a su propia imagen y semejanza, moldeados y diseñados de manera exclusiva para cumplir con sus propósitos santos. Dios no habría enviado a su Hijo amado a morir por ninguna otra cosa en la creación, más que por las almas humanas, eternas y de un valor incalculable.

Dios diseñó el alma humana para que fuera apasionada, entregada y consagrada. Ésa es la forma en que mejor funciona el alma. Si no tiene nada digno de que se le entregue, o de que se sacrifique por ello, se hunde en la inquietud, el aburrimiento, la pasividad y la frustración. En otras palabras, si no tenemos nada por qué morir, entonces en realidad tampoco tenemos nada por qué vivir. Dios quería que nuestra alma fuera capturada, consumida y cautivada por Jesús. Nuestro desarrollo más elevado y nuestra realización más grande se encuentran en adorarlo y servirlo con una entrega dispuesta a sacrificarlo todo.

Dios Padre le ha prometido en herencia al Hijo una Iglesia llena de creyentes cuyo espíritu arda de afecto y adoración por Él. El Padre nunca habría ofendido ni insultado a su amado Hijo entregándole una Iglesia (la novia de Cristo) aburrida, pasiva y dispuesta a hacerle concesiones al mundo.

El cristianismo sin pasión, tan corriente hoy, no constituye amenaza alguna para el diablo. Centrado en conceptos y actividades, con descuido de un afecto por Dios y una obediencia sincera a Él, no complace en absoluto su corazón. Ni siquiera complace al mismo creyente. En cambio, el cristianismo verdadero enciende una llama en el espíritu humano. Hace arder el corazón en un santo fervor por Jesús.

Satanás, que está consciente de que Dios tiene como agenda capturar los afectos humanos y hacer que se consuman de pasión por su Hijo, se ha trazado su propia agenda. Para llevar a cabo sus planes, hace surgir su propia gente apasionada, radicalmente entregada a una de las muchas formas del humanismo, el espiritualismo y la religión falsa. Las fuentes de su entrega total son el odio, la ira, el dolor, la ambición o la codicia; nunca el amor a Dios.

Inspirados por Satanás, estos líderes malvados son hostiles hasta la violencia a la idea de un pueblo apasionado, consumido de afecto por el Hijo de Dios. Se entregan sin reservas a la tarea de hacer surgir una resistencia igualmente apasionada contra las cosas santas de Dios, la cual terminará convirtiéndose en una infernal rabia contra Jesús, que se va a hallar al rojo vivo en la generación durante la cual regrese el Señor.

Este furioso conflicto será luchado en muchos campos de batalla diferentes: en las ideologías religiosas, sociales y políticas; en la economía, la ciencia y la medicina; en la moral y la ética; en la educación, la música y el arte.

Acuérdese de estas palabras; Si hay algún asunto que sea importante para el hombre, lo vamos a hallar repleto de huellas dactilares de Satanás. Él siempre trata de torcer y pervertir las cosas para que sirvan a sus intereses. A su debido tiempo, alrededor de ese asunto se va a desarrollar una rebelde pasión al rojo vivo.

En estos momentos, Satanás está fomentando la homosexualidad, el aborto, la educación sexual que promueve un estilo de vida impío, la pornografía u otras formas de pecado. Pero la verdadera motivación que él tiene detrás de todo esto va mucho más allá de cada una de estas cuestiones. Su afán consiste en querer capturar las pasiones de la raza humana, porque ésa es la más alta de las prioridades que tiene Dios en su propia agenda.

Satanás no tiene intención alguna de que su perversión de los corazones humanos se detenga en la abrumadora profusión de indecencia e inmoralidad que tiene cautivas a las naciones. Quiere llevar las cosas mucho más lejos de la simple inmoralidad y de la indecencia. Su meta es que las naciones de esta tierra hagan erupción con una hirviente furia contra Dios. Lo que anda buscando es una rebeldía militante, unificada y apasionada contra las leyes de Dios, e incluso contra su derecho a reinar.

Si usted observa la temperatura espiritual de los sucesos nacionales e internacionales, notará que el termómetro va subiendo cada vez más. Observe a los Estados Unidos, a Europa y al mundo occidental. Ya están ardiendo puntos de ira y rebelión entre los que influyen sobre el camino general de la inmoralidad y lo determinan. Satanás y sus tropas están soplando y alimentando esas llamas para que exploten en una furiosa e imprudente revuelta.

Que no le quepa la menor duda: Primero, engaña a los gobernantes y los líderes. Después, los une alrededor de sus diabólicos propósitos. Les enseña a concebir astutas maniobras para capturar la opinión pública y socavar la justicia. Los provoca para que echen abajo los edictos de Dios y rompan con las restricciones de su Palabra escrita. Entonces ellos se confabulan para borrar los sabios límites entre lo correcto y lo incorrecto; entre lo bueno y lo malo, señalados por Dios para el alma humana en su Palabra.

Estos gobernantes engañados se plantan con firmeza ante Dios, desafiando su derecho a entregarle esta herencia a su hijo.

"¡Los reinos de este mundo nos pertenecen a nosotros!", dicen con furia. "¿Quién es Él, para que el mundo tenga *por Él* un afecto apasionado? ¡Las pasiones de la humanidad les pertenecen a los reyes y los líderes de la tierra! ¡Somos nosotros—y no tu Hijo—quienes tenemos derecho a recibir el afecto de los hombres!"

La fuerza de esa pasión impía va en aumento. En todos los niveles y escenarios de la sociedad—legisladores, educadores, artistas, publicistas, presidentes de corporaciones, líderes religiosos, magnates de los medios de comunicación y otros—hay gobernantes necios de mente entenebrecida que se confabulan para atacar los santos mandamientos y preceptos de Dios. Lo primero que buscan es diluirlos, para después demolerlos en la sociedad, uno por uno.

"¡No te vamos a obedecer!", dicen con una sonrisa despectiva en los labios. "Vamos a hacer añicos tu Palabra y echar a la basura tus mandamientos. Sólo nosotros decidiremos qué es correcto o incorrecto. Vamos a vivir y actuar como nos parezca. Vamos a vivir para nuestro propio placer, y no para agradarte. No te vamos a adorar; vamos a adorar a la humanidad. El Hijo no tiene herencia en los corazones y las naciones de esta tierra!"

Mientras los malvados gritan y se burlan cada vez con más furia, se cierra el telón para terminar el primer acto.

Segundo acto: La agenda de Dios

Al comenzar el segundo acto, Dios está sentado sobre su trono en los cielos, burlándose de los rebeldes reyes de la tierra, y riéndose de sus vanas intrigas y sus necias confabulaciones.

> El que mora en los cielos se reirá; el Señor se burlará de ellos. Luego hablará a ellos en su furor, y los turbará con su ira. Pero yo he puesto mi rey sobre Sión, mi santo monte.
> —SALMO 2:4-6

Spurgeon decía que esa risa con la que Dios se burla de los reyes malvados de la tierra es la risa más terrible y aterradora que es posible imaginarse.[2]

Estos reyes necios lo tienen todo tramado. Piensan que son los dueños del dinero de la tierra. Piensan que tienen el poder en sus manos. Hacen sus propias leyes. Controlan los sistemas y las instituciones del mundo. La ciencia y la técnica se han convertido en instrumentos para servir a sus propósitos malvados y egoístas. Por todo esto, esos reyes rebeldes piensan que si trabajan juntos, en una unidad total, pueden llegar realmente a rechazar los propósitos de Dios para el planeta Tierra.

Sin embargo, Dios se ríe de ellos, porque sabe que el éxito que han tenido sólo ha sido el que Él les ha permitido tener. Las naciones sólo son para Él una simple gota dentro de un balde de agua. Un simple grano de arena en los platillos de la balanza de los tiempos. Las naciones del mundo no tienen capacidad para resistirse a sus edictos. Él las puede echar abajo con sólo mover un dedo. Las puede destruir de un solo golpe con el más débil aliento de su boca.

"Les tengo una noticia", dice el Padre. "Yo *ya* he nombrado a mi Rey sobre su monte santo. Es algo que ha quedado determinado para siempre en los consejos eternos de la Divinidad. La herencia de mi Hijo está asegurada. Habrá gente de todas las épocas, razas, lenguas y naciones de la tierra, que se llenarán de santa pasión por mi hijo. Va a tener una iglesia apasionada, cuyos afectos van a estar totalmente dirigidos a Él. El celo de Jehová de los ejércitos va a hacer que esto suceda."

Una vez revelado lo que va a suceder muy pronto, el segundo acto termina mientras se trazan las líneas de batalla. Los pobladores de la tierra, entregados ahora de manera total a una de estas dos claras agendas, ocupan su lugar a uno u otro lado.

Tercer acto: El Hijo reclama su herencia

Al abrirse el telón, Jesucristo, el Ungido, se halla de pie en medio del escenario. El narrador proclama en voz alta:

Yo publicaré el decreto; Jehová me ha dicho: Mi hijo eres tú; yo te engendré hoy. Pídeme, y te daré por herencia las naciones, y como posesión tuya los confines de la tierra. Los quebrantarás con vara de hierro; como vasija de alfarero los desmenuzarás.

—Salmo 2:7-9

En este decreto vemos que la Biblia no tiene como tema único los planes de Dios para la humanidad, y lo que Él ha provisto para ella. También tiene que ver con sus planes para su Hijo, y lo que ha provisto para Él. Las Escrituras describen una herencia doble: Una de las partes se centra en el hombre, mientras que la otra se centra en Dios. Nosotros tenemos una herencia en la cual son fundamentales *nuestro* deleite y nuestra realización. Dios tiene una herencia en la cual es fundamental *su* deleite. Debemos consagrarnos tanto a deleitarnos en Dios, como a hacer que Él se deleite en nosotros. La herencia que hay para nosotros, como pueblo de Dios, es la capacidad para experimentar tanto las bendiciones como el amor de un Dios apasionado. La herencia que hay para Dios es un pueblo también apasionado. Pero Él sólo va a experimentar esa herencia suya cuando nosotros nos le entreguemos de manera radical. Debemos tratar de experimentar un avivamiento que insista en estas dos verdades al mismo tiempo.

El Padre invita a Jesús a la intercesión:

> Pídeme, y te daré por herencia las naciones, y como posesión tuya los confines de la tierra.
>
> —SALMO 2:8

En sus horas finales, antes de su crucifixión, Jesús se entregó a esa intercesión, orando por todos los creyentes. (Vea Juan 17). Y en estos mismos momentos, sigue intercediendo en los cielos por los suyos. (Vea Hebreos 7:25).

El trono del Hijo es para siempre, y el cetro de su reino es un cetro de justicia absoluta. Él comienza su dominio con bondad, porque es la bondad de Dios la que lleva al ser humano al arrepentimiento (Romanos 2:4). No obstante, si la bondad no da resultado, y si la humanidad se niega a aceptar el despertar que quiere provocar en ella la gracia de Dios al tratar de atraerla a sí, entonces Cristo Jesús gobernará por la fuerza, a través de sus terribles juicios. Su cetro de hierro va a hacer pedazos a los rebeldes, destrozándolos sin esfuerzo alguno, como si fueran vasijas de barro.

Cuántas riquezas eternas le ha ofrecido Dios a la humanidad. Qué dignidad y qué destino le ha otorgado a la raza humana, al diseñarnos para que vivamos eternamente para alabar su gloria. Qué privilegio el que nos convirtamos en la pasión y el placer de Cristo Jesús. Hay dimensiones del placer y la realización que nunca podremos experimentar mientras no le digamos un sí apasionado y lleno de entrega al señorío de Jesucristo. Sin embargo, son muy pocos los creyentes que realmente le han dado ese sí a Dios.

No es de maravillarse que el mundo incrédulo contemple una iglesia aburrida, llena de concesiones y metida en luchas internas, y diga con una sonrisa despectiva: "Si eso son los cristianos, allí no se nos ha perdido nada". El testimonio más poderoso que usted y yo les podemos dar a los pecadores es una vida radiante que demuestre que la voluntad de Dios es buena, aceptable y perfecta. Los no creyentes están buscando un pueblo satisfecho y realizado que no esté tratando de echar abajo los límites impuestos por Dios; un pueblo que se halle gozosamente entregado y consagrado a su causa. Añoran encontrar algo o alguien que merezca su pasión; algo que les cueste todo. Pero la gente ya ha descubierto que no hay causa ni persona alguna aquí que merezca una entrega total por su parte. Las causas se han derrumbado hasta convertirse en ruinas y engañosos escombros, y los héroes han caído de sus pedestales. Necesitan ver cristianos que hayan tomado su cruz, le hayan dado la espalda al mundo, y se hayan entregado por completo al Cristo que se les entregó por completo a ellos.

Cuarto acto: La grave advertencia del salmista

Se levanta el telón, y el rey David se adelanta para representar la última escena del drama. Entonces, hace una grave advertencia que es triple, dirigida a todos los que sean tan necios como para creer que van a poder retar a Dios y vencer

> Ahora, pues, oh reyes, sed prudentes; admitid amonestación, jueces de la tierra. Servid a Jehová con temor, y alegraos con temblor. Honrad al Hijo, para que no se enoje, y perezcáis en el camino; pues se inflama de pronto su ira. Bienaventurados todos los que en él confían.
>
> —Salmo 2:10-12

"Servid a Jehová con temor, y alegraos con temblor. Honrad al Hijo, para que no se enoje", advierte David.

Dios es maravilloso en su esplendor y aterrador en su grandeza. Este personaje real no tiene superior... ni tampoco igual. Cuando captamos un destello de su esplendor y belleza eternos y majestuosos, nos llenamos de temor reverencial. Temblamos ante Él.

Si sólo sentimos temor y temblor en la presencia de Dios, nunca experimentaremos la plenitud de su gracia. David dice que también nos debemos regocijar en Él. Debemos regocijarnos, llenarnos de gozo en los beneficios de nuestra herencia.

Pero hay también otra dimensión. "Honrad al Hijo" [N. del T.: La palabra hebrea original es una forma del verbo *nashaq*, que significa "besar"], dice David. De esta manera habla simbólicamente de que nuestros afectos se llenen de pasión por Jesús. En nuestra relación con Él debe existir una dimensión íntima, llena de afecto y de pasión.

Hay iglesias en las que se insiste en el temor y temblor. Históricamente, las iglesias llamadas "de santidad" se han centrado en la grandeza de Dios, y muchas veces no han dejado mucho lugar para el regocijo y la adoración afectuosa.

En cambio, hay otros que se centran en el regocijo y la bendición. Algunas de las iglesias carismáticas de hoy se han centrado en la autoridad del creyente y en los privilegios que tenemos en Cristo, con exclusión de su maravillosa majestad y de sus juicios.

También hay quienes están entregados a una afectuosa intimidad con Dios, con una apasionada respuesta de amor hacia Jesús. Pero Dios ha dispuesto de tal forma al espíritu humano, que necesitemos estas tres dimensiones—el temblor, el regocijo y los besos—en nuestra relación con Él. Necesitamos pedirle al Espíritu Santo que reavive en nuestro propio corazón, y también en la iglesia, estas tres dimensiones de la gracia de Dios.

¿Y qué me puede decir sobre usted mismo? ¿Está dedicado a una de estas tres dimensiones, con descuido de las otras dos? ¿Se están desarrollando dos de las tres dimensiones en su relación con Él, pero no se está desarrollando la tercera?

Tal vez sólo haya visto un Dios que juzga a los rebeldes. Tal vez camine ante Dios con fidelidad y con reverente temor. Sabe temblar, pero nunca ha visto un Dios en el cual usted se pueda regocijar.

Tal vez nunca haya conocido una dimensión de intimidad y afecto, y el pensamiento de besar a Cristo le resulte un tanto incómodo. Pero sólo se trata de un lenguaje simbólico que no se debe interpretar en sentido literal. Se refiere a que Jesús provoque emoción en nuestra alma. Dios anhela abrir nuestro espíritu para que podamos compartir este gran intercambio divino de amor capaz de fascinar el alma.

"Honrad al Hijo, para que no se enoje"

La primera vez que leí el versículo 12 del Salmo 2, me sentí desconcertado. No me daba cuenta de que el versículo hablaba simbólicamente de la adoración del corazón. Sin embargo, gracias a que Dios me trató con ternura en medio de mis repetidos fallos, comprendí. Y mi corazón anheló expresar mi adoración a Dios.

El Señor quiere entrelazar en usted esas tres dimensiones. Quiere que su Espíritu Santo las haga presentes en usted. Esta respuesta triple que consiste en temblar, regocijarse y besar es la que comprende la herencia prometida a Jesús por el Padre.

Por último, el rey David les hace una advertencia a todos aquéllos tan necios como para atreverse a desafiar a Dios: "Honrad al Hijo, para que no se enoje, y perezcáis en el camino; pues se inflama de pronto su ira" (Salmo 2:12).

Recuerde que el joven pastor que se le enfrentó a Goliat con santa firmeza, mientras el rey Saúl y el ejército de Israel permanecían encogidos en la retaguardia, es el autor de este Salmo. (Vea 1 Samuel 17). Es el joven cuyo corazón se sintió provocado a una ardiente indignación cuando el gigante filisteo levantó el puño y se burló del ejército del Dios viviente. Aquel valiente pastor tenía un conocimiento tan íntimo de la personalidad de Dios, que debe haber sentido en su espíritu cómo Dios se reía, burlándose de las pretensiones de Goliat, quien afirmaba que lo iba a derrotar a Él, al Dios de Israel.

La santa indignación de David ya lo había hecho vencer al león y al oso en su vida privada, dándole la experiencia y la firmeza necesarias para retar a Goliat y a los poderes de las tinieblas que éste representaba. Al fin y al cabo, no le habría sido posible vencer a los enemigos en los demás, si esos mismos enemigos hubieran seguido triunfando sobre él.

Después de negarse a usar la molesta armadura religiosa de sus tiempos, David se lanzó al enfrentamiento con Goliat. Mientras corría hacia la línea de batalla, no veía un Goliat *grande* y un David *pequeño*. Tampoco veía una inmensa espada y una pequeña honda. Todo lo que veía era que los poderes de las tinieblas se estaban burlando del Dios viviente, y retándolo. Su piedra y su honda carecían de importancia. Tenía el nombre de Jehová de los ejércitos y la inconmovible seguridad de que su Dios iba a vencer.

EL CONFLICTO QUE SE AVECINA

Una vez más se están fijando las líneas para la batalla. ¿Quién va a controlar los afectos de la raza humana? Satanás va a contar con sus burlones Goliats, armados de lanzas y espadas. Dios va a tener su ejército de los últimos tiempos, formado por Davides llenos con el conocimiento de su Dios todopoderoso, que no van a huir de la pelea, y que tampoco van a temer a la muerte ni a la derrota. Su capitán es Jehová de los ejércitos, y Él nunca ha perdido una batalla.

Cristo va a recibir su herencia. Las burlas de Goliat van a ser silenciadas. Los últimos sonidos que va a oír el malvado gigante, antes de que su inmensa cabeza ruede por el polvo, van a ser el silbido de una pequeña piedra... y la aterradora risa de Dios.

6

FORTALEZAS
EN LA MENTE

En 1978, cuando nació Luke, mi primer hijo, tenía veintitrés años y estaba pastoreando una iglesia en Saint Louis. Al día siguiente de nacer Luke, yo tenía unos compromisos que me era imposible cancelar. Cuando llegó el momento del último de esos compromisos, estaba tan ansioso por ver a mi hijo de un día de nacido, que ni siquiera podía escuchar a la persona que me estaba hablando.

Por fin, me logré librar de todo, me metí a toda prisa en el automóvil y fui a toda velocidad a ver a aquel pequeñuelo llamado Luke. Sentía un malestar increíble, un anhelo y una urgencia increíbles por estar con mi hijo y ver su cara.

De repente, me di cuenta de algo que me abrumó y me estremeció el corazón, y me encontré haciendo esta pregunta: "Señor, ¿quieres decir que la forma en que yo me siento con mi pequeño Lukey es la forma en que tú te sientes conmigo?"

Me vino a la mente una pregunta urgente: "¿Cuánto amas a tu hijo?"

"Señor", respondí en voz alta, "lo daría todo por ese niño; todo".

Entonces, me pareció que me estallaba el corazón con este texto de las Escrituras:

Pues si vosotros, siendo malos, sabéis dar buenas dádivas a

vuestros hijos, ¿cuánto más vuestro Padre que está en los cielos dará buenas cosas a los que le pidan?

—MATEO 7:11

Darme cuenta de la profundidad y la grandeza del amor de Dios por mí fue algo tan emocionalmente abrumador, que me tuve que salir del camino para echarme a llorar.

Muchos de los problemas que existen hoy en el cuerpo de Cristo sólo son consecuencia de un problema más fundamental aún que se halla en el corazón mismo de la Iglesia. Nuestra generación está pagando un fuerte precio por la decadencia en la que se encuentra el conocimiento íntimo de Dios. Esto se hace evidente cuando contamos el número de líderes espirituales que han caído; cuando leemos acerca de los continuos escándalos monetarios que hay en la Iglesia; y cuando las iglesias experimentan una tras otra la desilusión, la amargura y la hostilidad entre sus miembros.

Esta temible decadencia ha producido la secularización de nuestras iglesias y la corrupción de nuestra vida interior, lo cual ha tenido por consecuencia el aburrimiento, la pasividad y las concesiones al mundo. A. W. Tozer puso el dedo en la llaga con respecto a este problema cuando escribió:

En la Iglesia ha existido una enfermedad durante años, y está empeorando continuamente. Me refiero a la pérdida del concepto de majestad en la mente religiosa popular. La iglesia ha renunciado a su concepto de Dios, que fuera tan elevado, para sustituirlo por otro tan bajo, tan poco noble, que es indigno por completo de los hombres capaces de pensar y adorar. Esto, no lo ha hecho de forma deliberada, sino poco a poco y sin darse cuenta; y este hecho de que no se haya dado cuenta sólo sirve para hacer más trágica aún su situación. Ese bajo concepto de Dios que sostienen los cristianos de una manera casi universal es la causa de un centenar de males menores que nos rodean por todas partes.[1]

En los Estados Unidos y en gran parte del mundo, el cristianismo de hoy no se halla centrado en Dios. Está centrado en las necesidades, en el éxito, en la sanidad o en los dones espirituales. Aunque todas estas cuestiones sean importantes, no deben ser el centro, sino el producto secundario de una espiritualidad genuina.

Las bendiciones emocionales, espirituales y físicas no son la fuente de la que brota un cristianismo centrado en Dios, sino que son ellas las que brotan de él.

La Iglesia, al haber descuidado su diligente búsqueda de un conocimiento íntimo de Dios, ha perdido so gozo y su afecto, y con ellos la conciencia de su presencia divina. Ha perdido su espíritu de adoración y su sentido de reverencia y de culto. Ha reemplazado la verdad con la actividad, y sustituido una relación intensa con unos ritos religiosos.

Un Dios a nuestra imagen

Le hemos quitado a Dios toda importancia. Hemos permitido que el materialismo, el secularismo y el amor a las cosas sofoque la llama de Dios en nuestra alma. Hemos creado un Dios a nuestra propia imagen; una imagen que es errónea y trágicamente inadecuada. En nuestra generación son muchos los que se han fabricado un Dios que ellos pueden usar y controlar; una especie de "criado celestial" que los atiende de continuo, complaciendo todos sus caprichos. Otros se han fabricado un Dios tan jovial y tan "buen amigo" que comprende la necesidad que tiene la humanidad de mentir, hacer trampas o consentir en un poco de diversión sexual inofensiva de vez en cuando.

Para algunos creyentes, Dios es afectuoso, accesible y siempre dispuesto a perdonar. Para otros, el frío, distante y amigo de condenar. Cualquiera que sea el concepto que tengamos de Él, lo que usted y yo pensemos acerca de Dios es lo más importante con respecto a nosotros. Terminaremos recibiendo la forma que nos dé la imagen de Dios que llevemos en la mente.

Con frecuencia se me acercan personas que tienen conceptos inexactos e inadecuados sobre el amor y el perdón de Dios. Por mucho que yo les explique una y otra vez: "Dios lo ama y lo ha perdonado", me responden: "Yo no siento que me ame. Siento como si tuviera un gran martillo en la mano, y todo lo que está haciendo es esperar a hallar una buena razón para golpearme con él en la cabeza."

Puedo aconsejar a una persona y orar con ella una y otra vez, ministrándole el amor y el perdón de Dios, y voy a seguir oyendo que me dice: "Cuánto me gustaría creer que Dios es como usted dice. Quisiera creer que es cierto que me ama, pero no lo puedo entender."

¿Ve cómo la vida de esa persona está recibiendo la forma que le dan sus conceptos inadecuados acerca de Dios? Mientras siga creyendo éstas y otras mentiras acerca de Dios y de su naturaleza, nunca va a madurar para convertirse en un cristiano fuerte. Va a vivir en medio del temor, la inseguridad y la derrota. Tarde o temprano, esos temores e inseguridades van a dar frutos envenenados en la vida de esa persona, y en sus relaciones con otras.

Yo sé que así sucedió con mi propia vida. En mis primeros años de ministerio, titubeaba y tenía miedo de ministrarles a otras personas si estaba pasando por un período de fallos o tentaciones personales. No quería orar por las personas, porque no me parecía que mis oraciones las iban a ayudar.

Comparaba mi experiencia con los tiempos en que jugaba fútbol en el colegio universitario. Si había tenido varios días de práctica malos, el entrenador no me dejaba jugar esa semana. Pensaba que Dios era así: O me iba muy bien en las prácticas, en mi vida espiritual personal, o no era lo suficientemente bueno para participar en el ministerio.

Hoy en día me sorprendo muchas veces al ver cómo Dios me usa en el ministerio en aquellos momentos en que me siento menos adecuado espiritualmente. Pero he aprendido que la fortaleza de Dios sigue aún presente en medio de mi debilidad.

Satanás hace grandes esfuerzos para distorsionar nuestro concepto de Dios. Puesto que estas distorsiones pueden servir a sus "intereses" en nuestra vida, el enemigo está dispuesto a invertir cuanto tiempo y trabajo hagan falta para asegurarse esas zonas vulnerables de nuestra mente a favor de sus propios propósitos.

No nos podemos atrever a decidir que podemos ignorar las mentiras y los conceptos erróneos sobre la personalidad de Dios que han sido puestos en nuestra mente, ni tampoco que podemos aprender a convivir con ellos. Esos conceptos inexactos e inadecuados nos ponen en un gran peligro. Podemos estar seguros de que vamos a ser debilitados y derrotados en el mismo grado en que nuestras ideas sobre Dios sean inferiores a la verdad sobre Él. En esos puntos, y sobre los cimientos de una verdad distorsionada, Satanás puede ganar terreno y establecer sus fortalezas en nuestra vida.

LAS FORTALEZAS DE LA MENTE

> Porque las armas de nuestra milicia no son carnales, sino poderosas en Dios para la destrucción de fortalezas, derribando argumentos y toda altivez que se levanta contra el conocimiento de Dios, y llevando cautivo todo pensamiento a la obediencia a Cristo.
>
> —2 CORINTIOS 10:4-5

Exactamente, ¿qué es lo que quiere decir Pablo cuando habla de "fortalezas"? En los tiempos antiguos, una fortaleza era un fuerte levantado con murallas y defensas a fin de proporcionar protección contra el enemigo. La fortaleza que tenía el rey Saúl en Gab"a, unos siete kilómetros al norte de Jerusalén, es un buen ejemplo. Aquella estructura de dos pisos con torres en las esquinas tenía una muralla exterior de dos metros de ancho, rodeada por una ladera artificial de tierra que obligaba a los atacantes a subir cuesta arriba para alcanzar la fortaleza.[2]

Había otras fortalezas que eran guaridas y cuevas fortificadas en lo alto de riscos o laderas de las montañas que eran difíciles de asaltar. (Vea Jueces 6:2; 1 Samuel 23:14, 19). También algunas veces se les daba el título de fortalezas a los poblados y las ciudades fortificados y preparados cuidadosamente para resistir los ataques del enemigo. Las Escrituras indican que aun antes de entrar en Canaán, los israelitas se sintieron aterrados por el informe de que existían ciudades "grandes y amuralladas hasta el cielo" (Números 13:28; Deuteronomio 1:28).

Los primeros cristianos que leían las cartas del apóstol Pablo estaban familiarizados con los Salmos que hablaban de Dios diciendo que Él es una fortaleza; un fuerte de refugio para su pueblo. (Vea los Salmos 9:9; 59:9, 17).

No es de extrañarse que Pablo, al enseñar acerca de la guerra del creyente con Satanás y con sus legiones demoníacas, utilizara el familiar término de *fortalezas*. Él usa ese término para describir toda manera de pensar que se exalta a sí misma por encima del conocimiento de Dios, dándole así al enemigo un lugar protegido desde el cual puede influir en la vida mental de la persona.

Una fortaleza espiritual formada por pensamientos puede convertirse en un lugar de habitación fortificado donde se pueden esconder las fuerzas demoníacas. Desde esa fortaleza, se defienden, al mismo tiempo que protegen los intereses y las inversiones de Satanás en esa persona.

Una fortaleza en la mente es una colección de pensamientos que están en acuerdo con Satanás; unos pensamientos que son mentiras contra lo que Dios ha revelado acerca de sí mismo.

Las ideas y los conceptos erróneos sobre Dios no quedan eliminados de manera automática cuando nosotros nacemos de nuevo. Pablo les indica a los creyentes de Colosas: "No mintáis los unos a los otros, habiéndoos despojado del viejo hombre con sus hechos, y revestido del nuevo, el cual conforme a la imagen del que lo creó *se va renovando* hasta el conocimiento pleno" (Colosenses 3:10, cursiva del autor).

Estamos en un continuo proceso en el cual nos va renovando el conocimiento cierto que está de acuerdo con la personalidad y la imagen de Dios. Mientras no caminemos en ese conocimiento pleno y perfecto de Dios, usted y yo no debemos cometer el error de dar por sentado que el proceso de transformación ya ha terminado.

LA REVELACIÓN DE LAS FORTALEZAS DE SATANÁS

Jesús dijo algo con respecto a sí y a Satanás, que aclara la idea de que el enemigo tenga ciertos intereses e inversiones en nuestra vida: "No hablaré ya mucho con vosotros; porque viene el príncipe de este mundo, y él nada tiene en mí" (Juan 14:30).

En Jesús no había pecado, ni procesos mentales erróneos, ni actitudes incorrectas, ni motivaciones impuras o hábitos desordenados. Satanás no pudo hallar *nada* en Jesús—ni un solo centímetro cuadrado de territorio—que él pudiera reclamar para sí.

El enemigo está buscando continuamente ocasiones en las cuales le sea posible poner el pie en nuestra vida; zonas de tinieblas espirituales que pueda reclamar como suyas con todo derecho. El pecado y la ignorancia espiritual son una invitación para que lance sus ataques. Así como los tiburones son atraídos por la sangre, también el diablo es atraído por las tinieblas.

Cuando hablo de zonas de tinieblas espirituales, no me estoy refiriendo a un acto de pecado al azar aquí, y otro allí, sino a una zona en la cual una mentira ha usurpado el lugar que le corresponde a la verdad.

Tal como Pablo les explicó a los corintios, estas tinieblas con como un velo que impide y oscurece la luz iluminadora y liberadora del Evangelio en la mente de los incrédulos.

> Para que no les resplandezca la luz del evangelio de la gloria de Cristo, el cual es la imagen de Dios.
>
> —2 CORINTIOS 4:4

Aquí nos dice Pablo lo que es la luz. Es la comprensión del Evangelio de la gloria de Cristo. En otras palabras, la comprensión de la gloria de Cristo incluye el hecho de comprender quién es Él en su personalidad, y qué hizo en su obra redentora de la cruz.

> Porque Dios, que mandó que de las tinieblas resplandeciese la luz, es el que resplandeció en nuestros corazones, para iluminación del conocimiento de la gloria de Dios en la faz de Jesucristo.
>
> —2 CORINTIOS 4:6

¿Cuál es esa luz del Evangelio? Es el conocimiento de la gloria de Dios, tal como se manifiesta en la personalidad de Jesús y en su obra en la cruz.

Satanás tiene como meta mantenernos en las tinieblas. Su estrategia consiste en distorsionar o restringir nuestro conocimiento de Dios, de manera que sea erróneo e inadecuado. De esta forma nos debilita y nos mantiene esclavizados. No quiera que la luz del conocimiento íntimo de Dios invada las zonas de tinieblas morales y espirituales. Por consiguiente, reclama para sí en nuestro corazón y nuestra mente cuantas zonas de tinieblas espirituales pueda hallar: hábitos de pecado, zonas de rebelión contra Dios, nuestras ideas, opiniones y sistemas de pensamiento no regenerados, las formas carnales y espiritualmente inmaduras de pensar, los pensamientos favorables al pecado y las racionalizaciones dedicadas a justificarnos a nosotros mismos. Entonces, utiliza estas cosas para levantar *fortalezas,* a fin de proteger sus inversiones e intereses.

MÁS ACERCA DE LAS FORTALEZAS

Al principio de ser cristiano, me sentía impulsado a alcanzar logros espirituales, emocionales y físicos. Cuando fallaba, me sentía enojado. Cuando triunfaba, me sentía orgulloso. Finalmente, reconocí que, como los fariseos de la antigüedad, estaba tratando de ganar el favor de Dios y me estaba convirtiendo en un legalista.

¿Cómo construye el enemigo una fortaleza espiritual en nuestra vida? Lo primero que hace es comenzar por unos cimientos de mentiras y medias verdades. Por lo general, se trata de mentiras acerca de la personalidad de Dios, o acerca de la forma en que Dios nos ve como personas en Cristo. Después levanta unos gruesos muros, ladrillo tras ladrillo: vanas filosofías, interpretaciones erróneas de las Escrituras, ideas inexactas acerca de la persona de Dios, y percepciones distorsionadas acerca de la forma en que se siente Dios con nosotros cuando pecamos en nuestra inmadurez espiritual. Sostenidas por el mortero del razonamiento equivocado, los muros se levantan cada vez a mayor altura. Pronto, unas altivas torres de terco orgullo y vanas imaginaciones se alzan por encima de las sombras.

Satanás levanta cuanta fortaleza puede, para mantenernos alejados del verdadero conocimiento de Dios. En el mismo grado en que él tenga éxito, nosotros dejaremos de disfrutar de una relación íntima con el Señor. No llegaremos a conocer por nosotros mismos lo encantadora y excelente que es la personalidad de Dios. La consecuencia será que nuestra vida emocional no se podrá liberar para darle a Dios todo nuestro afecto.

El verdadero conocimiento de Dios echa abajo fortalezas

Debemos adoptar una postura ofensiva para podernos liberar de una fortaleza. Para que el creyente llegue a estar libre alguna vez, tiene que comenzar por conocer la verdad acerca de la personalidad de Dios y del concepto que Él tiene de nosotros en Cristo. Jesús nos lo dice en Juan 8:32: "Y conoceréis la verdad, y la verdad os hará libres" (Juan 8:32).

Después, deben buscar una relación íntima con Dios, que es una persona real. Deben tener hambre de Él y ansiar conocerlo íntimamente, escudriñando en busca del verdadero conocimiento de su personalidad, al mismo tiempo que miran por encima del hombro a las tentaciones para negarse a aceptarlas. El cristiano puede caminar en victoria a base de conocer la verdad, buscar después a una persona (Dios) y resistirse a las pasiones y tentaciones impías.

Nuestra firme decisión de vencer nuestras debilidades y malos hábitos no es nuestra santificación. Nuestra santificación se encuentra en *una persona:* Jesucristo. *Él mismo* "nos ha sido hecho por Dios sabiduría, justificación, santificación y redención" (1 Corintios 1;30).

Cuando los creyentes de hoy recibamos un breve destello de verdad acerca de la belleza y el esplendor maravillosos de Cristo, nosotros también—como los personajes de la Biblia a quienes se les concedió un destello similar—quedaremos fascinados por ellos. Nos inclinaremos ante Él con reverencia, y nos abandonaremos en sus manos con alegría y llenos de afecto.

La comprensión del amor que Dios nos tiene

La mayoría de los cristianos tienen ideas vagas y contradictorias acerca de la personalidad de Dios. Y nuestras ideas suelen proceder de nuestra relación con figuras de autoridad aquí en la tierra. Si pensamos en las figuras de autoridad que influyeron más en nosotros durante nuestros primeros años, descubriremos que muchas de nuestras ideas sobre Dios están conectadas con esas personas.

Por lo general, la persona más significativa en la formación de estas ideas, es el padre terrenal de la persona. También es importante la madre, y tal vez un entrenador de atletismo, un maestro de escuela, un tutor o incluso una maestra de piano... cualquiera a quien la persona mira con admiración.

Nuestra experiencia con estas figuras de autoridad nos afecta emocionalmente. Las siguientes descripciones de distintos tipos de padres terrenales nos pueden indicar de qué forma algunos de nosotros nos hemos formado nuestras ideas sobre Dios.

El padre distante o pasivo

El padre emocionalmente distante o pasivo expresa sus afectos de una forma mínima. Da por supuesto que nosotros sabemos que él nos ama, pero es muy raro que hable de esto. Sin embargo, no sabemos si ve o siente nuestro dolor o nuestro gozo. Cuando sucede algo maravilloso o trágico, el padre pasivo se limita a asentar con la cabeza. El hijo comienza a creer que Dios también es así. No siente nuestro dolor ni comparte nuestro gozo. Tiene muy poco afecto que manifestarnos. La persona puede recoger fuertes consecuencias emocionales si la cría esta clase de padre.

El padre autoritario

El padre autoritario interviene para detener lo que estamos haciendo. Nos entrega una lista de cosas que podemos hacer y cosas que no podemos hacer. Nos interrumpe para negarnos las cosas que son importantes para nosotros. Estas cosas apagan el corazón. Este tipo de padre no honra la individualidad del hijo. No le interesan sus anhelos y metas, sino sólo los suyos propios. No quiere ningún tipo de compañerismo o intimidad profunda con usted; sólo quiere que lo obedezca.

El padre abusador

Los padres abusadores hacen sufrir a sus hijos deliberadamente, hiriéndolos emocional, mental, física y a veces sexualmente. No hay mayor tormento en la vida, que el sufrido a manos de un padre abusador. No sólo destruye las emociones naturales del hijo, sino que afecta de manera profunda a su relación con Dios.

El padre ausente

El cuarto tipo de padre es el totalmente ausente. Tal vez sea el padre que nunca conocimos, o tal vez el que murió antes de que naciéramos. No es como el padre pasivo, que se halla presente, aunque no se comunica. Sencillamente, nunca está presente. Por consiguiente, nunca interviene para ayudarlo en los momentos de dificultad. Usted se siente totalmente abandonado y descuidado por su padre terrenal. Esto es un obstáculo para su capacidad de experimentar la presencia de su Padre celestial.

El padre acusador

El quinto tipo de padre es el más corriente. Es el padre acusador. Proclama que lo ama con todo el corazón, pero lo juzga continuamente cada vez que falla en algo. En su mente, lo que está tratando de hacer es motivarlo para que actúe bien. Cree que si le señala sus fallos, usted se sentirá motivado para esforzarse más la próxima vez. Raras veces le muestra afecto o apoyo. Si usted creció con esta clase de padre, le va a ser muy difícil comprender el amor de su Padre celestial, porque va a pensar que Dios siempre lo está acusando.

Esto nos presenta un dilema, porque Dios no es como nuestras figuras de autoridad terrenales. En el Salmo 50:21 leemos que Él dijo: "Pensabas que de cierto sería yo como tú". Sin embargo, "mis pensamientos no son vuestros pensamientos, ni vuestros caminos mis caminos, dijo Jehová... Como son más altos los cielos que la tierra, así son mis caminos más altos que vuestros caminos" (Isaías 55:8, 9).

Así como están los cielos de altos por encima de la tierra, también lo están los afectos y emociones de Dios por encima de los del hombre. El mejor padre que halla en la tierra está infinitamente por debajo de las emociones de Dios. No hay modelo humano adecuado para darnos una descripción del corazón de Dios.

Tal vez a usted le parezca que a mí me es fácil echar abajo fortalezas por medio del verdadero conocimiento de Dios. Al fin y al cabo, tuve un abundante número de buenos ejemplos que me mostraron cómo es Dios en realidad. Tuve un padre afectuoso que me daba ánimo y apoyo constantemente; un sacerdote católico que me hizo ver lo que es la dedicación al estarme dando clases durante todo un año; el entrenador cristiano de la secundaria que me persiguió fielmente para Dios e invirtió su tiempo en mí, y los dos pastores de jóvenes de la iglesia presbiteriana que me discipularon.

¿Y si mi vida hubiera sido distinta? ¿Y si yo no hubiera tenido en mi vida ni una sola fuerza positiva que me hubiera mostrado aunque sea un mínimo destello de cómo es Dios en realidad? ¿Y si mi padre me hubiera odiado y me hubiera ridiculizado continuamente? ¿Y si hubiera abusado sexualmente de mí? ¿Y si me hubiera golpeado hasta que sintiera el espíritu tan herido y sangriento como el cuerpo? ¿Y si hubiera sido adicto a las drogas, alcohólico o expresidiario, y no un hombre que todo el mundo quería y respetaba?

¿Y si todas las demás influencias hubieran sido negativas? Entonces, ¿qué habría pensado yo acerca de Dios?

Cuando el Espíritu Santo me presentó un Dios sonriente, esto me cambió la vida entera. Cuando comencé a mirar hacia arriba y pensar en un Dios que me miraba con una inmensa sonrisa en el rostro, me lo imaginé diciendo: "¡Cuánto te amo! ¡Cuándo gozo me produces! ¡Cuánto me deleito en ti!"

Entonces, me miré a mí mismo y respondí: "¿Quién, yo?" ¿Estás seguro de que eso es para mí? ¿Acaso no ves mis pecados y mis fallos? ¿Cómo es posible que te regocijes en mí cuando yo tengo todas esas debilidades?"

Pero el Padre me dijo con amor: "Lo que yo veo es la sinceridad de tu corazón. Tú ves el hombre exterior, pero yo veo el clamor de tu corazón por agradarme. Siento un deleite y un gozo grandes por ti."

Cuando reconocí a este Dios que tenía una gran sonrisa en el rostro cuando me miraba, me di cuenta de que tenía una idea totalmente errónea sobre su personalidad. Vi que quería que yo corriera *hacia Él,* y no *lejos de Él.*

Llevo dieciocho años de pastor. A lo largo de esos años, he sufrido y hecho intercesión por muchas personas que han acudido a mí con historias que habrían bastado para hacer llorar a los ángeles: historias de abuso sexual, malos tratos y perversión a manos de seres humanos egoístas y crueles. Pero aun esas estimadas personas no hubieran conocido nunca un solo ser humano que les manifestara amor verdadero, yo sé que la Palabra de Dios nos ofrece a todos unas verdades que quebrantan las cadenas y una esperanza gozosa. Y he podido compartir esas verdades y esa esperanza con ellos a través de los momentos de consejería personal.

El conocimiento verdadero del afecto puro, fiel y apasionado que Dios nos tiene a usted y a mí es mucho más poderoso y transformador que cuanto testimonio humano hayamos tenido o nos haya faltado. El que nos revela el amor de Dios y lo hace real en nuestro corazón es el Espíritu Santo, y no los testigos humanos, y *esa revelación está al alcance de todos.*

Con frecuencia, a las personas que tienen un espíritu herido y quebrantado, o una personalidad perfeccionista e impulsada por la necesidad de tener logros, se les hace difícil recibir algo de Dios. Algunas veces nos dejamos atrapar tanto por nuestras propias presiones, nuestro dolor o nuestra ira, que ni siquiera reconocemos su voz. Pero cuando le sometemos humildemente el alma a Dios, y nuestro corazón comienza a clamar por un verdadero conocimiento íntimo de Él, Él nos responde. El Espíritu Santo nos abre la Palabra de Dios, dándonos entendimiento y enseñándonos a aplicar sus verdades a determinados aspectos concretos de nuestra vida. Nos revela el apasionado afecto que tiene Dios en su corazón por nosotros de unas formas que son increíblemente maravillosas, intensamente reales y perfectamente ajustadas a nuestra propia comprensión y nuestra experiencia personal.

No fueron ni los buenos ejemplos ni el celo los que produjeron en mí un apasionado amor por Cristo. Yo era un cristiano lleno de ira y frustrado que llevaba constantemente un gran peso de culpa y de fracaso, por no estar a la altura de las normas y por no disfrutar cuando servía a los demás. Sólo cuando capté un destello del verdadero conocimiento sobre lo que Dios sentía realmente acerca de mí, se derrumbaron las fortalezas que tenía en la mente y en el corazón. Me vinieron a la mente estas palabras: "En esto se ha perfeccionado el amor en nosotros, para que tengamos confianza en el día del juicio; pues como él es, así somos nosotros en este mundo. En el amor no hay temor, sino que el perfecto amor echa fuera el temor; porque el temor lleva en sí castigo. De donde el que teme, no ha sido perfeccionado en el amor" (1 Juan 4:17-18).

Vi que la persona que le tenía miedo a Dios, que temía sus juicios a raíz de sus fallos, vivía atormentada. El tormento es lo opuesto de la valentía que da un corazón tierno hacia Dios. Y yo tenía que reconocer que el corazón de Dios estaba lleno de ternura hacia mí, aun a pesar de que yo no era perfecto.

Dios, que nunca ha pintado por segunda vez el mismo atardecer, sabe con exactitud de qué forma se le debe revelar a usted. Él va a escoger el momento y el lugar perfectos para hablarle. Él es quien conoce con precisión aquellas revelaciones sobre sí mismo que le van a iluminar el entendimiento, van a alimentar su hambriento corazón o van a fluir como un tibio aceite sanador sobre todo su herido espíritu.

Cuando acuda a su Padre celestial en busca de ayuda, no lo va a ignorar, ni lo va a reprender. No lo va a poner en ridículo a causa de sus errores. Su paciencia con usted es extraordinaria. Él cuida tiernamente de usted, siempre vigilante. Su amor por usted nunca va a fallar, ni tampoco se va a agotar.

Es maravilloso haber conocido personas que nos han mostrado cómo es Dios en realidad. Sus ejemplos pueden ayudar a preparar el camino para la obra de Dios en nuestra vida, o incluso acelerar el proceso. Pero si no hemos conocido ni siquiera una sola persona santa y amorosa, aún podemos experimentar una integridad personal y quedar llenos de un apasionado afecto por Jesús. Dios, su Palabra y la obra del Espíritu Santo en nuestra vida bastan para llevarnos a la integridad personal y a la madurez espiritual.

La recuperación del verdadero conocimiento de Dios

¿Qué va a curar "el centenar de males menores que nos rodean por todas partes"?[3] El conocimiento de la personalidad de Dios. Cuando sabemos cómo Él nos contempla en Cristo, nuestro hombre interior se fortalece, y las fortalezas de Satanás caen destruidas. El cristianismo debe volverse a centrar en Dios. Debemos recuperar ese alto concepto de Dios y redescubrir su majestad. Debemos practicar el arte de meditar larga y amorosamente en las verdades de las Escrituras y en el ser de Dios. Hay una sola cosa que va a satisfacer nuestras ansias más profundas. Debemos llegar a conocer a Dios tal como Él es: las excelencias de su persona, sus exorbitantes pasiones y su corazón enamorado.

La Iglesia conoce a Jesús como Salvador suyo. Pero el Hijo de Dios se apresta a revelársele como su Amado, revestido de majestad y esplendor. Su amor va a encender la pasión de los suyos. Hay una Iglesia mortalmente aburrida que está a punto de ser levantada en peso por su Amado.

Cómo encender la pasión santa

El corazón enamorado

de Dios: Primera parte

Una fiel cristiana se armó del valor necesario poco después de los cuarenta años de edad para renunciar a su trabajo después de un buen número de años, dejar el hogar de sus piadosos padres e irse a trabajar en el extranjero con una organización misionera. De niña, habían abusado sexualmente de ella, y durante gran parte de su vida había vivido controlada por el temor. Aún no había superado sus temores, pero sus chispeantes ojos y su burbujeante personalidad cubrían su falta de seguridad y su bajo concepto de sí misma.

Suspiraba por casarse con un buen cristiano y servir al Señor junto a él, pero nunca aparecía el hombre correcto. Por eso, aquella mujer se sintió sorprendida y complacida cuando un cristiano soltero que tenía más o menos su edad y trabajaba en el mismo grupo misionero, comenzó a tener atenciones con ella: afectuosas sonrisas, valoración genuina de su minuciosa labor, pequeños cumplidos que dejaba caer en uno u otro momento. Se sorprendió más aún cuando él le sugirió que comenzaran a almorzar juntos varias veces por semana.

Ella se sentía muy poco atractiva. Muy tosca. Muy poco deseable.

Pero mientras más conocía a su nuevo amigo, más le agradaba y lo respetaba. Se daba cuenta de que esos sentimientos eran correspondidos.

Un día, el hombre le pidió en el trabajo que le permitiera sacarla a cenar. Aquella noche, al levantar la vista del menú, lo vio contemplándola con una tierna expresión de amor en los ojos. "Perdone que la mire así", le dijo un poco avergonzado, "pero usted es tan hermosa, que me deja sin aliento".

La mujer apenas podía creer lo que estaba oyendo. ¿Hermosa yo? Abrió la boca para protestar y rebajarse, pero hubo algo que se lo impidió. Era como si una voz interior le dijera: "Él te ve como te veo yo". Tan abrumada que no podía hablar, su rostro se iluminó con una radiante sonrisa.

¿Cómo cree usted que lo ve Dios? ¿Se estremece con sólo pensarlo? La estima de Dios por su belleza procede del gran amor que le tiene, y no es consecuencia de ninguna bondad o belleza inherentes a su persona.

Dios no es el ser frío, distante y rígidamente legalista que la religión nos ha presentado. No es el Dios exigente e impaciente que tantos de nosotros nos hemos esforzado por complacer. Cuánto anhela el Señor que su Iglesia reciba una revelación de su corazón enamorado—totalmente embargado de deleite en nosotros—, aunque nosotros tal vez ni nos gustemos ni creamos en nosotros mismos. Cuánto anhela su corazón que nos demos cuenta de la fascinación que Él tiene ante nuestra belleza, y respondamos a su amorosa mirada (Salmo 45:11).

Nuestro Dios no es una cosa, ni un objeto neutro. Es un ser afectuoso, lleno de amor y profundamente apasionado. La Iglesia de hoy necesita con urgencia una renovación en la comprensión de la naturaleza de la personalidad divina; necesita entender con mayor profundidad su exorbitante pasión.

La dimensión perdida de nuestra redención

Los reformadores y sus sucesores transformaron de manera radical al cristianismo al redescubrir la verdad esencial del Evangelio: que somos justificados sólo por la fe.

Para el pueblo fue una gran experiencia liberadora el llegar a comprender que se podía recibir el don de la justicia sólo por la fe. Era como salir de las tinieblas a plena luz del día. La salvación comprende un glorioso intercambio en el cual Cristo toma nuestro pecado y nuestra culpa, y nosotros tomamos su justicia. Me encantan las doctrinas de la salvación, la santificación y la adopción, que ponen de relieve nuestra posición legal en Cristo. Creo que son una dimensión vital dentro de la predicación de la cruz, y que son básicas para un caminar saludable con Dios.

No obstante, el mundo evangélico reformado también se puede volver rígido y erudito. Con frecuencia, toda nuestra relación con Dios es definida en función de nuestra relación legal con Él y con su ley. Dios es el juez que nos pone en la frente el sello de *aceptado,* para después darse la vuelta y decir: "¡Pase el siguiente!" Es una buena noticia, pero no es la noticia entera. En una relación definida por la ley, el creyente nunca llega a estar consciente de un Dios cuyo corazón está repleto y enamorado—arrebatado y lleno de deleite— de los suyos.

La salvación no es solamente un intercambio legal que afecta a nuestra posición ante Dios. En ella también se incluye un intercambio de un profundo afecto amoroso, y de adoración. Dios nos comunica primero su gozo, sus ansias y su afecto por nosotros, y a nuestra vez, nosotros le respondemos de manera similar. Esto es lo que dijo Juan: "Nosotros le amamos a él, porque él nos amó primero" (1 Juan 4:19).

No basta con una comprensión intelectual de los aspectos legales. ¿Por qué? Por supuesto, nunca vamos a tener más afecto o pasión por Dios, que los que entendamos que Él nos tiene a nosotros. Nunca vamos a entregarnos a Dios más de lo que entendamos que Él se nos entrega a nosotros.

El Espíritu Santo debe despertar el conocimiento del apasionado amor de Dios, y darle vida en nuestro corazón: se trata de un Dios cuya personalidad desborda de exorbitantes emociones por los suyos. El corazón amante y apasionado de Dios debe latir en el centro mismo de todo nuestro ministerio, ya sea que nos dediquemos a enseñarles a otros la forma de ser salvos, les ministremos a los enfermos o dirijamos un grupo de oración en un hogar.

Aunque Dios es autosuficiente por completo, Él anhela recibir nuestro amor. Él, que no tiene necesidad de nosotros, ha atado su corazón a nosotros para siempre.

> En esto consiste el amor: no en que nosotros hayamos amado a Dios, sino en que él nos amó a nosotros, y envió a su Hijo en propiciación por nuestros pecados.
>
> —1 Juan 4:10

El corazón afectuoso y apasionado de Dios se colma de gozo y deleite en nosotros mientras nosotros fallamos y nos centramos en nuestra propia persona. Todo el mundo sabe que Dios nos ama cuando somos maduros; cuando nos conformamos a su imagen. Pero Dios nos ama y disfruta de nosotros también cuando no somos como Él; cuando no acabamos de llegar a la verdadera victoria a pesar de que nuestro corazón lo trata de alcanzar con sinceridad.

En Romanos hallamos la *dimensión legal, terrena y práctica* de nuestra redención. En el Apocalipsis vemos su dimensión *eterna y majestuosa*. El Cantar de los Cantares glorifica su *dimensión apasionada y afectuosa*. Las tres dimensiones se reúnen en una comprensión completa de nuestra relación con Dios, tal como la menciona el Salmo 2:11-12.

> Servid a Jehová con temor, y alegraos con temblor. Honrad *["besad", ver n. del t. anterior]* al Hijo, para que no se enoje, y perezcáis en el camino.

Nos regocijamos por el don gratuito de la salvación en Romanos, temblamos ante su majestad en el Apocalipsis y besamos al Hijo como respuesta a su afecto, tal como se nos revela en el Cantar de los Cantares.

El Cantar de los Cantares, el cántico del rey para su desposada, es necesario enseñarlo y cantarlo con revelación y poder. Es lo que va a lavar y restaurar a la Iglesia, al llamarla proféticamente a una pasión santa.

Es posible interpretar este libro a diferentes niveles. Históricamente, describe la forma en que el rey Salomón cortejó a una pastora y se casó con ella. En sentido tipológico, describe a Israel como la desposada de Dios, de la misma forma que se describe a la Iglesia como la novia de Cristo en el Nuevo Testamento. Hay quienes dicen que describe el amor de un hombre natural por su esposa. Otros lo ven como una historia de la vida real, escrita en lenguaje simbólico y con significado espiritual para los creyentes de hoy.

Personalmente, creo que el Espíritu Santo le puede interpretar este libro a la Iglesia de todas estas maneras distintas, y de todas ellas podemos aprender. Pero quiero compartir con usted la forma en que el libro me ha servido de edificación a mí.

La progresión de la pasión santa

En este cántico de amor procedente del cielo, yo veo a la doncella como la Iglesia joven en proceso de maduración; la novia de Cristo. Veo una clara progresión espiritual en los ocho capítulo del Cantar de los Cantares. Es un modelo divino que revela la progresión de la pasión santa en el corazón de la Iglesia, a medida que ésta es cortejada y dominada por la belleza y el esplendor de su glorioso Rey.

La meditación de este gran cántico profético sobre la historia de la redención produce por lo menos dos beneficios maravillosos.

En primer lugar, el Espíritu Santo nos revela las pasiones y las complacencias que hay en la personalidad del Hijo de Dios. Esta nueva comprensión del corazón de Jesús nos captura el corazón de una forma fresca, y nuestro espíritu se siente estimulado, al mismo tiempo que se abre a una nueva profundidad de pasión por Él.

En segundo lugar, cuando meditamos en el Cantar de los Cantares, identificamos nuestra posición actual dentro de este modelo divino de progresión hacia la madurez cristiana. A medida que comenzamos a comprender los propósitos de Dios en su difícil relación con nosotros, vamos recibiendo consuelo y refrigerio, y nuestro espíritu va quedando limpio. Esta nueva comprensión aumenta nuestra capacidad para colaborar con valentía y firmeza en la obra que el Espíritu está realizando en nosotros.

El despertar al ardor: Cantar de los Cantares 1:2

Es necesario que llegue un momento en la vida del creyente maduro, en el cual despierte a un fervor santo. Es cuando clamamos: "Señor, estoy cansado de servirte a distancia. No me importa el precio que tenga que pagar. Quiero ser totalmente tuyo en la parte más profunda de mi ser."

Nunca olvidaré el sentimiento que inundó mi ser cuando me di cuenta de que era cierto que el gran Dios invisible que creó la tierra y todo lo que hay en ella—incluyéndome a mí—me escuchaba cuando yo le hablaba. Era cierto que Él respondía a mis peticiones. Respondía una gran cantidad de mis pequeñas oraciones.

En una ocasión en que iba a llevar al grupo de ministerio del colegio universitario en un viaje para esquiar, cinco personas que no tenían dinero querían ir. Yo les dije que fueran, aunque yo tampoco tenía el dinero necesario para pagar los gastos de ellos.—lamé al Señor para pedirle su ayuda. Alguien que supo que nos íbamos a esquiar, pero que no sabía nada de esta necesidad, se me acercó en el día en que nos íbamos y me ofreció darme un cheque de dos mil dólares, si yo los necesitaba.

En mis primeros tiempos, este suceso fue un asombroso ejemplo de la forma en que Dios cuidaba de mí. Cuando me di cuenta de esto, se encendió en mi espíritu una llama de fervor que nunca se ha apagado, y nunca se apagará.

La progresión de la pasión comienza con este fresco despertar del fervor santo. Pero el fervor solo no es madurez. Es únicamente el principio.

El Cantar de los Cantares comienza con el gran clamor profético del Espíritu en la Iglesia de hoy: "¡Oh, si él me besara con besos de su boca! Porque mejores son tus amores que el vino" (Cantar de los Cantares 1:2). Esto habla en sentido figurado del clamor del creyente que ha despertado, por ese "beso de intimidad" que no es el beso informal que da en la mejilla un pariente o un amigo. En sentido espiritual, habla del clamor por una intimidad más profunda con Dios.

Los creyentes de hoy se están dando cuenta de que, para llegar a satisfacer alguna vez nuestra hambre de intimidad, debemos tenerlo a Él, cuyo apasionado amor es mucho mejor que el "iglesismo", o que el mejor de los vinos de las experiencias y posesiones terrenales. Como la doncella que exclamó: "Mejores son tus amores que el vino", los creyentes están llegando a un punto en el que se dan cuenta de que el dinero y las cosas materiales nunca van a satisfacer las necesidades de nuestro espíritu. Los lugares de prominencia en la Iglesia o en el mundo tampoco las van a satisfacer jamás. No hay relación sensual o romántica con otro ser humano que pueda satisfacer tampoco los anhelos más profundos de nuestro espíritu. Nos estamos cansando de una religión impotente que no nos puede librar del pecado, ni de nosotros mismos; nos estamos cansando de líderes llenos de enojo, contiendas e inmoralidad; nos estamos cansando de iglesias paralizadas por la apatía. Estamos cansados de tratar de sacar agua de un pozo seco en el nombre de Jesús.

En el espíritu del pueblo de Dios se está despertando una entrega total; una santa temeridad. El Espíritu de Dios nos está llamando, tomando las verdades del tiempo y de la eternidad, y usándolas para despertarnos y sacarnos de nuestra comodidad. Antes de que este mundo llegue a su fin, Dios va a levantar una Iglesia llena de gente hambrienta por una religión centrada en Dios, de entre aquéllos que se sienten satisfechos con un cristianismo centrado en el hombre. Las etiquetas de denominaciones no van a tener importancia. Si se ministra al Hijo de Dios en poder, y se revelan su belleza y su encanto personales, la gente se va a apresurar a acudir a Él.

¿Por qué lo queremos a Él? Porque hem descubierto que el amor y el afecto de Dios son mejores que cuanto el mundo nos puede ofrecer, y estamos comenzando a vislumbrar el esplendor, la majestad y la belleza sin par de Cristo Jesús.

> A más del olor de tus suaves ungüentos, tu nombre es como ungüento derramado.
> —CANTAR DE LOS CANTARES 1:3

La encantadora fragancia perfumada habla en sentido simbólico de las gracias de la personalidad de Cristo, la belleza de su persona y la perfección de todo cuanto hace. El aroma irresistible de su perfume va a capturar de nuevo a la Iglesia.

Nosotros le amamos a él, porque él nos amó primero.
—1 Juan 4:19

Para amar a Dios, hace falta el propio Dios. Hace falta una revelación progresiva de ese amor suyo que satisface infinitamente, de su exorbitante afecto y su indescriptible belleza, para despertar a la Iglesia y motivarla a volvérsele a entregar por completo. Como Pablo , los creyentes se sentirán motivados por este conocimiento del amor de Dios (2 Corintios 5:14).

Hay creyentes que ven a otros que tienen una personalidad poseedora de una gran energía, y dicen: "Si yo tuviera doscientos veinte voltios, como usted, también me sentiría lleno de celo y pasión por Dios. Pero mi temperamento es totalmente distinto. Sólo soy uno de ésos que tienen ciento diez voltios." La pasión por Jesús no es un rasgo de la personalidad. Usted puede tener el temperamento humano más manso que se pueda imaginar, y aun así, consumirse en el fuego de Dios. Tal vez no exprese su pasión de la misma forma que lo hace una personalidad "de doscientos veinte voltios", pero esa ardiente pasión estará presente, y será igualmente real.

No importa la cantidad de energía humana o de celo natural que poseamos. La pasión por Jesús es el fruto del reconocimiento de su entrega a nosotros, y no el fruto de nuestra entrega a Él. Vamos a caminar en una vida consagrada a Él, porque Él se ha consagrado a nosotros primero. Cuando comparezcamos ante Dios, nadie sobre la faz de la tierra va a poder decir: "Yo te di a ti más de lo que tú me diste a mí".

La mayoría de nosotros hemos conocido personas super espirituales que han manifestado gran fervor durante uno o dos años. Sin embargo, al cabo del tiempo, cuando los golpean las pruebas y las tribulaciones, todo ese ardiente celo humano se ha ido apagando.

Recuerdo mi propia experiencia con un equipo de predicadores callejeros dedicado al ministerio entre los universitarios. Algunos de aquellos evangelistas radicales y llenos de celo predicaron unos fogosos sermones en el recinto universitario durante las décadas del sesenta y del setenta. Sin embargo, diez años más tarde, ni siquiera estaban caminando con Dios. Su extraordinario celo no los había llevado a ninguna parte; si acaso, los había alejado de Dios.

Su entrega a Jesús se hallaba limitada por una revelación incompleta de la entrega de Jesús a su pueblo. Él está totalmente entregado y dedicado a los que son suyos.

Nuestro ardor por el Señor deleita su corazón. Él sabe que la presencia de ese ardor no equivale a la madurez espiritual. Son muchos los creyentes ardorosos que aún no entienden ni siquiera las cuestiones centrales del Evangelio. No hay problema alguno en eso. Cristo Jesús ama a los suyos. Ama su ardor, aunque es posible que aún hagan desastres debido a su propia inmadurez. En su corazón, Él está totalmente enamorado de nosotros.

Las prioridades en la intimidad y el ministerio: Cantar de los Cantares 1:4

Después de despertar a ese ardor, la doncella del Cantar de los Cantares hace una oración doble: "Atráeme; en pos de ti correremos" (Cantar de los Cantares 1:4). El orden de esa oración es muy importante. Primero, Él nos atrae a su intimidad; después corremos con Él en el ministerio. Para convertirnos en colaboradores de Cristo, y correr con Él, es necesario que nos centremos primero en ser atraídos a Él como adoradores, consagrados en pureza con unas pasiones llenas de ternura.

Es fácil decir al orar: "Déjame correr. Aumenta la esfera de mi ministerio y de mi influencia", sin buscar al mismo tiempo que el Señor nos atraiga a sí. Sin embargo, cuando somos atraídos a una intimidad mayor con Dios, es cuando tenemos una profundidad espiritual mayor y llegamos con mayor eficacia hasta el espíritu de otras personas. En eso es en lo que consiste ese "correr", o tener un ministerio real: llevar liberación al corazón del ser humano, para que él también pueda conocer y adorar a Dios íntimamente.

Por otra parte, hay creyentes que dicen: "Atráeme", pero nunca corren después con el Señor como colaboradores suyos en su labor sobre la tierra. El Espíritu Santo no nos atrae para que podamos colgar el cartel de "No molestarA en la puerta y nos sentemos en nuestra pequeña zona de comodidad, cantándole canciones de amor a Jesús por el resto de nuestra vida. Como coherederos con

Cristo, somos atraídos a la intimidad con Él, para recibir después poder en el ministerio, a fin de llevar a otros a esa misma intimidad con el Señor.

Yo creo que la Iglesia va a madurar en esta difícil tensión entre ser atraída y correr. Aprenderemos a liberar a gente destruida, triunfar en la guerra espiritual y servirnos unos a otros al mismo tiempo que mantengamos nuestra intimidad con Jesús. Estas dos peticiones, la de ser atraídos y la de correr, corresponden a los dos grandes mandamientos dados por Jesús en Mateo 22:37-40.

El que seamos atraídos a una profunda intimidad con Jesús es algo que cumple el primer mandamiento, el de amar a Dios con todo el corazón. El hecho de correr en un ministerio de servidores cumple el segundo mandamiento, el de amar a nuestro prójimo como a nosotros mismos.

Su meta en la vida

En el primer capítulo de este hermoso cántico de amor, vimos el momento en que la doncella manifestó sus intenciones (vv. 1-4). Presentó la meta y el tema central de su vida en la tierra. Anhelaba una relación íntima con aquél cuyo amor ella consideraba superior al mejor vino del mundo. Después, desde el versículo 5 hasta el final del libro, vamos siguiendo el viaje ininterrumpido de la doncella en la progresión de su pasión por el amado.

Durante más de veinte años, he permanecido dedicado a la visión sobre mi vida que recibí en mi primer año de colegio universitario. Aunque me inscribí en él con la meta de hacerme médico, aquello sólo era mi visión profesional. Mi visión más amplia sobre la vida mantenía un propósito doble: convertirme en un adorador de Dios y en un liberador de hombres. En otras palabras, amar a Dios y amar a mi prójimo.

Recuerdo haberle presentado precipitadamente a Diane en mi primera cita con ella el mayor anhelo de mi corazón: "Diane, en algún momento de mi vida—tanto si llego a ser médico, como si soy maestro de escuela, predicador o lo que sea—, quiero ser adorador de Dios y liberador de hombres".

Mi visión profesional cambió. Dejé la Universidad de Washington sólo treinta días después de comenzar, cuando mi hermano Pat se fracturó el cuello. Aunque más tarde se me dijo verbalmente que estaba aceptado en un programa médico de seis años, le pregunté a Dios que me confirmara este cambio a través de mi padre. En el último día antes del momento en que tenía que confirmar mi aceptación en aquel programa, mi padre me dijo: "Siento que sería una verdadera equivocación que te metieras en ese programa médico de seis años".

Mi padre nunca se dio cuenta de que aquello era la respuesta a la oración en la que yo pedía una confirmación, pero aquello cambió mi visión profesional. Más tarde, Dios me llevó a pastorear en lugar de ser médico. En cambio, mi visión para la vida nunca ha cambiado.

Es importante que usted y yo tengamos metas. Pero necesitamos tener una meta para la vida, a la cual sirvan todas nuestras otras metas. Si usted no sabe cuál es su meta en la vida, pídale al Señor que se la muestre. Pídale que lo atraiga a la intimidad con Él, y que después llene de poder su ministerio de siervo, de manera que cuanto haga, dondequiera que vaya, pueda ayudar a otros a llegar a esa intimidad con Jesús.

¿Anhela su espíritu un nuevo despertar al maravilloso amor de Dios, el único capaz de satisfacernos? ¿Quiere conocerlo en la intimidad?

> *Señor, sólo hemos visto un destello de tu esplendor y de tu majestad. La belleza de tu persona y de lo que haces se está adueñando de nuestro corazón como una encantadora e irresistible fragancia. A partir de este momento, quiero que mi vida se convierta en un ininterrumpido peregrinar de progresión en una santa pasión. Atráeme, Señor. Atráeme a tu glorioso ser. No quiero permanecer distante. Te quiero a ti, y no me importa el precio. ¡Atráeme, Jesús, y correré tras de ti!*

Y mientras corro, voy a aprender a madurar en la obediencia. ¿De qué forma?

8

....

FERVIENTE, PERO INMADURO

EL CORAZÓN ENAMORADO DE DIOS:

SEGUNDA PARTE

Cuando comienzo a comprender el desbordante amor que me tiene Dios, se despierta en mi interior la pasión por Jesús. Al principio, esta progresión hacia la madurez espiritual es sincera y fervorosamente consagrada. Sin embargo, mi entrega al Señor puede ser mucho más superficial de lo que me parece a primera vista.

Como le sucedió a la doncella del Cantar de los Cantares, a mí me ha sido difícil establecer las prioridades en cuanto a la intimidad y al ministerio. En los comienzos de mi vida cristiana, estaba más interesado en estudiar la Palabra y darles testimonio a los no creyentes, que en pasar unos momentos de calidad a solas con Dios en una oración devocional. A causa de esto, mi corazón se fue enfriando.

Aun hoy, en medio de la actividad que significa un ministerio en crecimiento, siento los intentos por impedir que mi corazón se retire en privado a mi vida secreta con Dios. Mi esposa Diane hace que yo le rinda cuentas con respecto a esos momentos, y yo lo hago con ella. Nos estamos exigiendo constantemente el uno al otro un equilibrio entre nuestro ministerio y nuestros momentos de intimidad con Dios.

Como la doncella, todos los creyentes pasamos por una etapa en la que estamos centrados en nosotros mismos, y nuestras metas se concretan en recibir bendiciones y experimentar la presencia de Cristo. Aunque las bendiciones y la emoción de las experiencias espirituales son perfectamente legítimas, no constituyen la meta final del cristiano maduro.

Vivir en el placer de su presencia: Cantar de los Cantares 2:3-6

Observe en los versículos siguientes que la doncella insiste en el placer que ella está experimentando personalmente. Me la imagino exclamando: "¡Sólo Jesús y yo! Esto es maravilloso."

> Bajo la sombra del deseado me senté, y su fruto fue dulce a mi paladar. Me llevó a la casa del banquete, y su bandera sobre mí fue amor. Sustentadme con pasas, confortadme con manzanas; porque estoy enferma de amor. Su izquierda esté debajo de mi cabeza, y su derecha me abrace.
>
> —CANTAR DE LOS CANTARES 2:3-6

El descubrimiento de que Jesús es la fuente esencial del deleite espiritual constituye una parte importante de nuestra progresión hacia la madurez, y el Señor no quiere que ese proceso sea perturbado. Durante un tiempo, nos deja en el mismo lugar donde estamos: creciendo en el conocimiento de su encanto y fidelidad, y sintiéndonos cada vez más seguros y satisfechos.

En esta etapa, en realidad no sabemos lo que está sucediendo. Sólo estamos pensando en recibir de Dios nuestra herencia, y no en ser su herencia eterna. En lo que a nosotros se refiere, Jesús está reinando en el cielo, sólo para nuestro placer. Sabemos poco acerca de su pasión en cuanto a discipular a las naciones; en cuanto a la fe que acepta el riesgo y el sacrificio, y en cuanto a la guerra espiritual.

Pero al mismo tiempo que nosotros estamos descubriendo su belleza y deleitándonos en Él, el Señor nos está sellando el espíritu. Nunca más volveremos a contentarnos con una vida llena de concesiones al mundo que descuide la intimidad espiritual. El conocimiento de su entrega y dedicación a nosotros despierta una dedicación semejante a Él y comienza a desarrollar en nosotros la madurez en la que vamos a caminar en el futuro.

Es posible que Jesús nos permita que pasemos meses, o incluso años, en esta etapa espiritualmente satisfactoria y segura, en la que nos sentimos absortos en nosotros mismos. Algunas veces, puesto que conocemos un poco la apasionada personalidad de Dios, podemos cometer el error de suponer que ya hemos llegado. Pero ser salvos y estar espiritualmente satisfechos sólo es una parte de nuestra herencia. La otra parte es que se nos prepara y madura para que seamos coherederos y compartamos el corazón, el hogar y el trono de Cristo para siempre.

Nosotros tenemos en Dios una herencia, pero Dios también tiene una herencia en nosotros. Es un pensamiento increíble: Dios, que lo posee todo, tiene algo por lo que está esperando: su herencia en nosotros (Efesios 1:11, 18).

Un desafío a la comodidad: Cantar de los Cantares 2:8-17

Poco a poco, dentro de esta progresión de la pasión santa, comenzamos a darnos cuenta de que el fervor no equivale a una madurez plena. El Señor, porque nos ama de manera tan tierna y profunda, nos hace una revelación totalmente nueva de sí mismo.

En esta etapa de este hermoso cántico de amor, la doncella ve de repente a su amado en una dimensión nueva por completo. Lo observa mientras él se le acerca, saltando y brincando como una gacela.

> ¡La voz de mi amado! He aquí él viene saltando sobre los montes, brincando sobre los collados.
> —Cantar de los Cantares 2:8

Los montes y los collados nos hablan de dificultades que es necesario superar. Aquí están incluidas las pruebas y tribulaciones del crecimiento cristiano. También se refieren a nuestra lucha contra los principados y los poderes satánicos. Tal vez estos obstáculos sean los reinos de este mundo que son hostiles al

Evangelio. No importa. No hay obstáculo insuperable para nuestro Dios.

El amado de la doncella llega y se queda fuera, hablándole a través de una ventana que hay en la pared. Le pide que se levante y se vaya con él, porque han aparecido las flores, ha llegado el tiempo de podar las vides y los higos de la higuera ya están maduros (Cantar de los Cantares 2:10-13). Esto se refiere al tiempo de preparación inmediatamente anterior a la cosecha.

Pero ella le contesta: "Hasta que apunte el día, y huyan las sombras, vuélvete, amado mío; sé semejante al corzo, o como el cervatillo sobre los montes de Beter" (Cantar de los Cantares 2:17).

Al igual que le sucedió a la doncella, es posible que usted y yo, en las primeras etapas de la pasión espiritual, hayamos visto a Jesús como el único cuya belleza satisface a nuestro corazón. Tal vez no hayamos visto aún a nuestro Amado como el Rey soberano que salta sin dificultad alguna por encima de montes y collados mientras ejerce su autoridad sobre las naciones, desplegando su grandioso poder sobre todo aquello que se le oponga.

Primeramente lo conocemos como nuestro Salvador y proveedor que nos satisface, y que nos causa gran deleite en su amorosa mesa del banquete debajo de su árbol de sombra. El que responde nuestras oraciones y atiende a nuestras necesidades. Pero terminamos por encontrarnos con Él como el Señor poderoso que salta sobre montes y collados. ¿Recuerda cuando usted y el Señor tuvieron un encuentro parecido a éste, en el cual Él lo desafió a levantarse y dejar su comodidad espiritual?

Usted le preguntó: "¿Por qué venías saltando sobre esos montes y collados? A mí me gusta este cómodo rincón que es sólo para ti y para mí."

"Quiero que me acompañes en la guerra y en el servicio sacrificado", le contestó. "Levántate, oh amiga mía, hermosa mía, y ven" (Cantar de los Cantares 2:10). "No te puedes quedar bajo la sombra del árbol para siempre. Ven a saltar montes y brincar sobre collados conmigo. Yo sé que me amas. Pero, ¿me amas lo suficiente como para ayudarme a liberar a otros de su esclavitud y traerlos a una relación profunda y amorosa conmigo, aunque una vida así sea incómoda, arriesgada y sacrificada?"

Debo admitir que yo le he respondido algo semejante a esto: "Señor, no puedo ir. No quiero dejar nuestro manzano ni la mesa de nuestro banquete. Necesité años para llegar a este punto en el que disfruto de veras de tu compañía, Señor, y no quiero perderla. Te amo; me siento feliz y satisfecho. Tengo nuevas relaciones en el reino, y son provechosas y satisfactorias. Que vaya otro a alcanzar a los demás y a discipular a las naciones. Yo todo lo que quiero es estar contigo."

Como la doncella del Cantar de los Cantares, algunas veces he rechazado el desafío de Cristo y le he dicho que se vaya a saltar y brincar sobre los montes Él solo (Cantar de los Cantares 2:17).

Sucedió en Saint Louis, en 1982. Llevaba ya siete años en la iglesia que había fundado. Estaba cómodamente satisfecho en una iglesia de quinientos adultos. Sólo tenía veintisiete años, y la congregación era joven, atlética y entusiasta acerca de mi liderazgo.

Entonces, el Señor me mostró que le tenía que entregar la iglesia al equipo de líderes y trasladarme a Kansas City. Me sentí desdichado. No quería perder a todos aquellos amigos míos. Había estado muy satisfecho en aquella iglesia. Hasta un pastor amigo mayor que yo me aconsejó que me quedara allí. Tenía que luchar con Dios todos los días y en todo momento. No podía orar ni adorar.

Estaba tan claro que me estaba retirando su paz que, después de dos semanas, no lo pude soportar más. Finalmente, en medio de la noche, le prometí al Señor que iría.

Cuando acepté este desafío de Cristo, me llenó de inmediato la dulzura de su amor. Pasé varios días en una estrecha comunión con mi Señor.

A causa de su temor y su debilidad humana, ¿se ha negado usted alguna vez a hacer algo que le pedía el Señor que hiciera para Él? Creo que ésa es la razón de que la doncella sobre la cual hemos estado estudiando se negara a ir con su amado. No era obstinación ni rebelión. Sólo era debilidad humana. Era fervorosa, pero inmadura. De igual forma que la doncella, usted y yo podemos estar en una relación con nuestro Amado para nuestro propio placer espiritual, y no para convertirnos en discípulos maduros y espirituales que existen para su placer y para cumplir sus propósitos.

La experiencia de la corrección del Señor:
Cantar de los Cantares 3:1-3

El Señor no se enoja ni se exaspera con nuestra debilidad humana. Eso es todo lo que nosotros le podemos dar. De eso es de todo lo que Él dispone para trabajar. Pero si nos negamos a obedecerle, tiene que disciplinarnos amorosamente. Cuando le pedimos al Señor, como lo hizo la doncella en el capítulo 1, versículo 4, que nos atraiga a sí y nos permita correr junto con Él, eso significa que vamos a dejar nuestra zona de seguridad, pequeña y tranquila, para ir con Él al monte cuando nos lo pida.

Algunas veces, el Señor nos corrige y capta nuestra atención retirando con delicadeza su presencia durante un tiempo. Ésa es la forma en que el amado de la doncella le hizo frente a la aversión que ella tenía a seguirlo.

> Por las noches busqué en mi lecho al que ama mi alma; lo busqué, y no lo hallé. Y dije: Me levantaré ahora, y rodearé por la ciudad; por las calles y por las plazas buscaré al que ama mi alma; lo busqué, y no lo hallé. Me hallaron los guardas que rondan la ciudad, y les dije: ¿Habéis visto al que ama mi alma?
> —CANTAR DE LOS CANTARES 3:1-3

Cuando el Señor nos corrige de esa forma, no es que esté enojado con nosotros. Él nos ama y disfruta de nosotros, aun en nuestra inmadurez. Sin embargo, nos ama demasiado para dejar que nos aferremos a una vida de inmadurez espiritual. Aunque nosotros no lo comprendamos, Él nos está llevando a la madurez. Él sabe lo que nos aguarda: la gloria de ser su novia y los maravillosos tesoros espirituales que nos están reservados como coherederos maduros del glorioso Hijo de Dios.

Por eso, con toda delicadeza, va haciendo que nuestros dedos se desprendan de las cosas a las que nos estamos aferrando con tanta tenacidad. Firme, pero delicadamente, nos aleja de todo lo que nos impida llegar a lo mejor de cuanto Él tiene para nosotros. Nos dice: "Si conocieras la gloria de todo cuanto yo soy y todo cuanto tú vas a ser, nunca te me negarías. ¿Te he llevado alguna vez a algún lugar donde no haya podido guardarte y cuidar de ti? Nunca te voy a quitar nada, sin devolverte diez veces más. Mis disciplinas son buenas. Parecen dolorosas en el momento, pero más tarde dan frutos de justicia." (Vea Hebreos 12:5-13).

Después de ese tiempo de delicada disciplina, la doncella se levanta de su cama debajo del árbol de sombra, y busca hasta que halla a su amado (Cantar de los Cantares 3:2-40. Cuando la presencia del Señor se aleja de nosotros en el lugar donde hemos estado haciendo concesiones, tanto usted como yo nos debemos hacer como la doncella: levantarnos en obediencia y fe para buscarlo. Creo saber lo que dijo cuando halló a su amado. Yo mismo se lo he tenido que decir al Señor unas cuantas veces, como aquella vez en que Él quería que me trasladara a Kansas City, y su paz se había apartado de mí de una forma tan evidente: "Está bien. Tú ganas. Necesito tu presencia. ¿De qué sirven la comodidad y la seguridad sin esa presencia tuya?"

Le da seguridad a la novia y la corteja: Cantar de los Cantares 4:1-5

Casados ya y unidos en amor, el novio de la doncella exclama: "He aquí que tú eres hermosa, amiga mía; he aquí que tú eres hermosa". Después le dice algunas cosas proféticas con las que le da seguridad, y la llama para que se le acerque (Cantar de los Cantares 4.1-5). De igual forma, Jesús, nuestro glorioso novio, habla proféticamente sobre nosotros mientras nos levantamos con timidez para dar pasos de niño pequeño, decididos a dejar la zona de comodidad y progresar hacia una madurez mayor. No nos condena por nuestra inmadurez, ni nos acusa por nuestros fallos. En lugar de hacerlo, llama las cosas que no son como si fueran, porque ve la simiente de esas cosas en nuestro corazón (Romanos 4:17).

Nosotros vemos nuestros fallos e imperfecciones, y pensamos que Dios está en contra nuestra, acusándonos y condenándonos. El diablo nos ha engañado, llevándonos a atribuirle a Dios lo que en realidad es cierto con respecto a él. El acusador de los hermanos no es Dios, sino Satanás. Dios es quien nos da apoyo, quien nos da aliento. Él cree en la sinceridad de nuestros deseos de obedecerle, más que nosotros mismos, y nos llama a sí de maneras que ni nos imaginamos. Nos dice: "Te amo. Siento una apasionada ternura por ti. Voy a transformar a una doncella fervorosa pero inmadura, en mi esposa madura y reinante."

El punto decisivo en la vida de la doncella se presenta aquí mismo, en el capítulo 4, versículo 6. Las hermosas palabras que su amado acaba de pronunciar sobre ella han despertado una seguridad creciente y una decisión inconmovible en su corazón, y la han llamado a una plenitud cada vez mayor. Entonces declara: "Me iré al monte de la mirra, y al collado del incienso". De manera similar, las palabras proféticas y tranquilizadoras pronunciadas por Cristo sobre nuestro espíritu despiertan en nosotros la seguridad y la decisión y nos llaman a obedecerlo plenamente.

Abrazar la cruz: Cantar de los Cantares 4:6-7

En el capítulo 2, la doncella se negó a ir a los montes y collados, pero ahora está lista para ir al monte de la mirra y al collado del incienso (Cantar de los Cantares 4:6). La mirra, usada en la preparación de un cuerpo para la sepultura, y el incienso, que sólo despide su fragante perfume cuando arde, fueron dos de los presentes cargados de significado profético que le dieron los magos a Jesús cuando nació. Esos presentes hablaban en sentido profético de sus sufrimientos y de su muerte en la cruz. Aquí, la doncella está hablando en sentido figurado del sufrimiento y la muerte de su amado. Está diciendo lo que usted y yo debemos decir, si queremos experimentar una madurez mayor en el Señor: "Lo único que quiero es ser como tú. Voy a abrazar la cruz. No te me voy a negar de nuevo. Me voy a levantar para ir al monte de la mirra y al collado del incienso."

Hay quienes piensan que la voluntad de Dios siempre es dura, pero eso no es cierto. La voluntad de Dios es buena, satisfactoria y perfecta (Romanos 12:2). En ella hallamos un placer, una realización y un gozo inmensos. Por otra parte, hay momentos en los que nos debemos negar a los apetitos de nuestra carne; momentos en los cuales nuestras pasiones carnales entran en conflicto con la voluntad de Dios. En esos momentos, nos debemos negar a nosotros mismos.

Eso es lo que Jesús quiso decir con estas palabras: "Si alguno quiere venir en pos de mí, niéguese a sí mismo, tome su cruz cada día, y sígame" (Lucas 9:23). Dijo que no podíamos ser sus discípulos si no hacíamos esto. Si queremos ser colaboradores de Jesús y cumplir sus propósitos en la tierra, debemos salirnos de nuestra zona de comodidad y pasar a la vida de fe, en la cual son nuestra única fuente el Dios invisible y la integridad de su Palabra.

¿Ha notado que la doncella dijo: *"Me iré al monte de la mirra..."* (Cantar de los Cantares 4:6, cursiva del autor)? La cruz que le toque abrazar a usted va a se diferente a la que está llamada a abrazar otra persona. El intento por abrazar la cruz de otro puede tener por consecuencia el legalismo. Lo que es un yugo fácil de obediencia para un creyente, se puede convertir en una carga religiosa para otro, que abrace lo que Dios no le ha llamado a abrazar a él.

La gracia de Dios ha dotado mi vida con la capacidad de interceder por muchas otras personas. Pero en una ocasión, les traté de imponer ese yugo a los miembros de mi iglesia. Les prediqué que *debían* pasar gran cantidad de tiempo intercediendo por otras personas. Ellos trataron de responder, pero terminaron cargados y agotados, porque todo lo que pasaba era que yo los estaba forzando a llevar mi yugo.

Tanto usted como yo debemos decir cada cual: "Me iré" al monte de la mirra. Cuando Dios nos pide que llevemos una cruz, también nos proporciona la gracia y el sentido de convicción personal que se necesitan para llevarla. El yugo es fácil, gozoso y ligero, cuando es Él quien lo pone sobre nosotros.

Cuando comencemos a conocer las excelencias de la personalidad del Señor, nosotros también, como esta doncella, nos iremos sintiendo cada vez más seguros. "Tú eres un Dios que da seguridad", le decimos. "Ya no tengo miedo. Tal vez pierda mi trabajo y mi casa. Tal vez pierda mi reputación. Sé que no me estás prometiendo que voy a poder guardar todo lo que tengo ahora. Sin embargo, voy a ir gozoso contigo al monte de la mirra y al collado del incienso, porque confío en ti, Señor."

Cuando la doncella se compromete a seguir al amado, la respuesta de este es maravillosa: "Toda tú eres hermosa, amiga mía, y en ti no hay mancha" (Cantar de los Cantares 4:7). Lo cierto en todo esto es que la progresión hacia la madurez espiritual que aparece en el Cantar de los Cantares aún tiene cuatro capítulos por delante; la doncella aún no ha madurado plenamente. Pero su amado, como también hace el nuestro, mira la intención de su corazón y exclama: "No hay mancha alguna en ti. ¡Eres totalmente hermosa!"

Me puedo imaginar esta conversación con el Señor:

"Señor, hoy calumnié a alguien."

"Sí, pero cuando lo calumniaste, reconociste que habías pecado y clamaste pidiendo perdón, ¿no es así?"

"Bueno, sí, pero..."

"No hay mancha alguna en ti, mi amor. Tu corazón se acerca al mío con sinceridad e integridad, y tú confías en mí."

"Sí, es cierto. Tengo verdaderos deseos de conocerte, Señor. He buscado una intimidad mayor contigo, pero he creído que estarías enojado conmigo por haber estado calumniando a alguien."

"Sufrí cuando lo hiciste, pero te arrepentiste. Lo echaste todo abajo, y lo proclamaste enemigo tuyo."

"Sí, lo hice. ¿Quiere eso decir que aún te agrado?"

¿Que si me agradas? ¡Mi corazón desborda de tierno amor y exorbitante pasión por ti!"

"Pero si aún ando todo enredado, cometo muchos errores y siempre te estoy fallando..."

"Yo lo sé, pero el que te va a llevar a la madurez es mi corazón entregado y lleno de pasión por ti."

¿Puede captar la entrega renovada a la madurez que una conversación así entre el Señor y su amada puede provocar?

Hasta cuando somos débiles; incluso cuando fallamos, el Señor mira la sinceridad y la consagración de nuestro corazón y exclama: "¡Qué hermoso eres para mí!" El conocimiento de que Jesús sigue disfrutando de nosotros mientras vamos madurando, es una verdad básica que nos da el poder necesario para madurar.

La preparación del alma para las pruebas que tiene por delante: Cantar de los Cantares 4:7-10

Por vez primera, se le llama "esposa" a la joven. Ahora está comenzando a madurar hasta el punto en que puede funcionar como esposa y coheredera. Se manifiesta ya la madurez en unos niveles superiores de guerra espiritual. Su amado le dice:

Ven conmigo desde el Líbano, oh esposa mía; ven conmigo...
desde la cumbre... Desde las guaridas de los leones, desde los
montes de los leopardos.

—Cantar de los Cantares 4:8

Los leones y los leopardos son animales carnívoros. Este
versículo habla en sentido figurado de la dedicación a niveles más
altos de guerra espiritual que exigen unos pasos más grandes de
sacrificio y servicio. Satanás, ese león rugiente, muchas veces deja
tranquilos a los santos que duermen. Pero cuando nosotros
estamos intentando caminar en obediencia e invadir de forma
agresiva el territorio enemigo, lanza contra nosotros un feroz
contr"ataque.

Cuando oigo que alguien habla de la guerra espiritual con
despreocupación, pienso: ¡Es obvio que el diablo nunca ha lanzado
contra usted ningún ataque realmente poderoso! No me importa
meterme en la batalla, pero voy a avanzar con prudencia y cautela.
Sé que puedo usar la Palabra de Dios contra Satanás, pero es una
verdadera pelea de fe, y no un juego. Algunas veces, su
contr"ataque puede durar horas, semanas o incluso meses.
Entonces pensamos: "Un momento, Señor. Cuando yo estaba muy
cómodo en un nivel más bajo del terreno, nunca tuve que
enfrentarme con esta clase de ataques."

He observado esto mismo en equipos de jóvenes que han ido a
países musulmanes en viajes misioneros. Son jóvenes, se sienten
emocionados y se los desafía a ministrarles en las calles a unas
personas que están inmersas en una cultura satánica. Muchas veces,
no han comprendido las tácticas del enemigo, y de esta forma no han
estado preparados para la guerra. Entonces, vuelven a sus lugares
desilusionados y frustrados, porque no supieron calcular el precio.

Para arrebatarle terreno al enemigo y conservarlo, hacen falta
tenacidad y firmeza de corazón. Satanás empuja, se resiste y
devuelve el ataque paso a paso, sin descansar.

Nuestra iglesia ha comenzado seis congregaciones en la zona de
Kansas City. Cada vez que se hacía esto, yo me preparaba para una
explosión de problemas, conflictos extraordinarios y el agotamiento resultante. ¡Y así sucedía!

Así que cuando el Señor habla de saltar sobre montes y encontrar leones y leopardos, yo no me pongo a aclamar y a decir: "¡Estupendo! ¡Esto va a ser divertido!" Mi espíritu se llena de gravedad. Sé que voy a tener que mantenerme alerta, con la mente renovada y los pensamientos en obediencia; de lo contrario, mi carne va a quedar muy agotada.

Consciente de las angustias y las batallas espirituales que su esposa tenía por delante, el amado le hizo la misma advertencia que Jesús nos hace a veces a nosotros: "Los leones y los leopardos—los poderes de las tinieblas y los principados—van a estar rugiendo en medio de la noche. Vas a caminar hasta abrazar la cruz en el monte de la mirra y el collado del incienso. Esto te va a costar." Pero, al igual que usted y que yo, la esposa tiene decidido en su alma que va a abrazar plenamente la voluntad de su amado. Lo mira, y en sus ojos se reflejan el profundo amor y la firme decisión que hay en su corazón de seguir a aquél a quien su alma ama. Ha tomado la decisión de encomendarse a él y abandonarse en sus manos, cueste lo que cueste.

EL ENAMORADO CORAZÓN DE DIOS

El amado exclama:

> Prendiste mi corazón, hermana, esposa mía; has apresado mi corazón con uno de tus ojos.
>
> —CANTAR DE LOS CANTARES 4:9

¿Qué significa "prender" el corazón?

Según el diccionario, la palabra *prender* significa "capturar y llevarse de manera violenta; embargar con emociones de gozo o de deleite; resultar singularmente atractivo, agradable o sorprendente".

La esposa le había capturado el corazón, llenándoselo de éxtasis y deleite. Una mirada de sus ojos le había prendido el corazón y se lo había llevado. "Tu amor me ha inundado", está exclamando. "¡Te encuentro sorprendentemente hermosa; totalmente agradable!"

La esposa no tenía aún madurez, pero al oír que su amado la cortejaba y le decía tantas cosas positivas sobre ella, sus temores se

desvanecieron, y tuvo el valor necesario para seguirlo. Recuerde:
Todo lo que había hecho en estos momentos, era decir que sí. No
había entrado por completo en la guerra con el enemigo. Sin
embargo, había prendido y conquistado el corazón de su amado
con ese sincero "sí" que le había dado, y con su amorosa mirada.

Precisamente, es esto lo que le sucede a Jesús en el corazón
cuando usted y yo lo miramos y nuestra alma se decide a seguirlo, al
precio que sea. "Me has cautivado el corazón con una mirada de tus
ojos", exclama. "Me siento embargado por tu entrega. Hay en ti
tanta belleza; un deleite tan completo... Me has prendido el
corazón."

¿Sabía usted que el sí que usted le da a Cristo—su entrega a Él,
inmadura pero sincera—, le cautiva el corazón por completo?
Aunque sus acciones a veces no lleguen a la altura de sus
intenciones, la entrega y la firmeza de su corazón hacen que Él se
sienta inundado por una afectuosa emoción. Lo mira y suspira por
usted, anhelando atraerlo a una relación más íntima con Él.

Esta revelación del corazón de Jesús, cautivado por nosotros, es
la que despierta en nuestro corazón un fervor por Él, de tal manera
que hace más ardiente nuestro progreso en la pasión santa. Y son su
apasionado amor por nosotros, y nuestra respuesta de amor y
consagración a Él, los que actúan como coraza protectora del amor,
guardando nuestro corazón con esa santa ternura en los momentos
de tentación y en las horas difíciles de la vida (1 Tesalonicenses 5:8).

LA FORMA DE DISCERNIR LA VOZ CORRECTA

Dios nos llama de maneras que nunca nosotros nos
imaginaríamos; sin embargo, nosotros nos seguimos acusando de
una manera terrible. Tal vez usted se haya acostumbrado tanto a los
constantes ataques de acusaciones por parte del enemigo, a sus
propios pensamientos acusadores, o a las críticas de los demás, que
apenas sabe cómo es eso de vivir sin que una sensación de pecado,
de fallo y de rechazo le nuble el corazón. Aunque usted se haya
llegado a considerar como un fracasado, totalmente indigno de ser
amado y carente de valor, ésa no es la forma en que su amado Señor
lo ve a usted.

Tengo un amigo que es pastor, y que después de quince años de ministerio cometió algunos errores en cuestiones de carácter y de discreción. Después de aquellos errores, durante cinco años, sólo se pudo imaginar un Dios airado con él, que lo juzgaba constantemente. Aunque durante aquellos años siguió llevando a muchas personas al Señor, y alcanzándole la liberación a su pueblo, para su propia vida sólo podía encontrar juicio. Gracias a ciertos momentos de consejería personal, y a que oyó y creyó la Palabra, se comenzó a ver tal como Dios lo veía: apasionadamente amado y perdonado. Sólo entonces pudo sentir una vez más el deleite que el Señor tenía en él.

Cuando usted mira a Jesús y decide en su alma seguirlo al precio que sea, una sola mirada de amor cautiva su corazón y se lo lleva consigo. "¡Me has cautivado el corazón con una mirada de tus ojos!", exclama. "Tu consagración me abruma. ¡Eres tan agradable; eres una fuente tan grande de gozo y de deleite para mi corazón!"

Cuando Satanás se aparezca para cargarle el corazón y deprimirle el espíritu con sus mentiras, no lo escuche. La próxima vez que su propio corazón lo señale sin misericordia con el dedo acusador porque usted no es perfecto, ni totalmente maduro, limítese a alejarse y escuchar la voz amorosa de Jesús, en lugar de escucharlo a él.

Lo que oirá decir es esto: "¡Yo encuentro en ti tanto deleite, tanta hermosura, me agradas tanto, que me has cautivado el corazón!"

Y cuando oiga las tiernas y consoladoras palabras de su Amado, no abra la boca para protestar. Acéptelas. Créalas. Son totalmente ciertas. Lo que Él anhela es revelarle a usted su corazón, tal como veremos a continuación.

EL HUERTO SECRETO

EL CORAZÓN ENAMORADO DE DIOS:

TERCERA PARTE

El amado le ha revelado a su esposa su corazón cautivo, pero tiene mucho más que decirle. Consciente de que ella aún no está preparada para las críticas pruebas que la esperan, continúa dándole seguridad y expresándole el gran afecto que le tiene.

Éste es un principio espiritual muy importante, que tiene aplicación para usted y para mí en nuestra condición de creyentes. El conocimiento del amor y la ternura de Dios nos preparan para experimentar su plenitud y para permanecer fuertes y fieles a Él en los momentos de persecución y de prueba.

La preparación y el llamado a una plenitud creciente: Cantar de los Cantares 4:10-12

En el Cantar de los Cantares, el amado derrama en abundancia su amor sobre su esposa. Describe las cualidades de esa esposa que va madurando y le dice lo inmensamente valiosos que son sus pensamientos, palabras y obras para él:

> ¡Cuán hermosos son tus amores, hermana, esposa mía! ¡Cuánto mejores que el vino tus amores, y el olor de tus ungüentos que todas las especies aromáticas! Como panal de

miel destilan tus labios, oh esposa; miel y leche hay debajo de tu lengua; y el olor de tus vestidos como el olor del Líbano. Huerto cerrado eres, hermana mía, esposa mía; fuente cerrada, fuente sellada.

—CANTAR DE LOS CANTARES 4:10-12

Anteriormente, la esposa le había dicho a su amado que para ella, el amor de él era mejor que el vino (Cantar de los Cantares 1:2). Ahora, él la contempla lleno de amor y ternura, e invierte su declaración de antes, diciéndole: "Cuán mejores que el vino tus amores".

Jesús declara que nuestro amor por Él es mejor que el vino; mejor que todos los reinos de este mundo; mejor que todas las gloriosas obras de sus manos. Ciertamente, el corazón de Jesús queda totalmente prendado del corazón firme y decidido de su Iglesia y de su amorosa entrega a Él.

El amado encuentra un maravilloso placer en su hermosa esposa en tres sentidos: sus ungüentos, la dulzura de sus labios y el olor de sus vestidos. Aquí hay un significado simbólico para usted y para mí.

LA FRAGANCIA DE LOS PENSAMIENTOS Y LAS ORACIONES ANTE EL TRONO

El olor de los ungüentos de la esposa puede representar su vida mental, que emana una encantadora fragancia para el Señor. Dios oye ese clamor secreto de nuestro espíritu que nadie más oye, y ese clamor asciende ante Él como hermoso perfume. Sólo Él ve los pensamientos e intenciones secretos de nuestro corazón cuando anhelamos agradarle, aunque le estemos fallando espiritualmente.

En una de las visiones de Juan que aparecen en el Apocalipsis, los veinticuatro ancianos y los cuatro seres vivientes llevaban copas de oro llenas de incienso. Estas copas estaban "llenas de incienso, que son las oraciones de los santos" (Apocalipsis 5:8). El clamor de los santos a su Amado es para el Señor como fragante incienso.

Me encantan estas palabras de David: "Mis huidas tú has contado; pon mis lágrimas en tu redoma; ¿no están ellas en tu libro?" (Salmo 56:8). David estaba llorando por sus propios fallos, como lloré yo cuando me di cuenta de lo que le hacían al Señor mi ira y mi amargura por estar sirviendo a los demás. Pero esas lágrimas de arrepentimiento y dolor eran muy valiosas para Él.

En lugar de condenarnos a nosotros mismos y condenar a otros cristianos que se debilitan o caen, usted y yo necesitamos darnos cuenta de que las lágrimas de los creyentes quebrantados son muy apreciadas y valiosas para Dios. Cuando lleguemos al cielo, no me sorprendería que se produjera una conversación parecida a ésta:

"Señor, tú sabes que he pecado y te he fallado miles de veces mientras te he estado sirviendo en la tierra."

"Sí, eso es cierto", responderá el Señor. "Pero de lo que tú no te das cuenta es de que yo escuchaba los gemidos y sollozos de tu espíritu cuanto tú me fallabas. Yo veía cada una de tus lágrimas cuando se deslizaban por tus mejillas."

"¿De veras, Señor? ¿Hablas en serio? ¿Cómo puedo haber estado tan confundido? La mitad de las veces, ni siquiera estaba seguro de que tú me amaras. En ocasiones, no estaba seguro ni de amarte yo a ti."

"Yo lo sabía", dirá. "Podía ver tu confusión. Podía sentir tu dolor. Pero aun en tus horas más oscuras y difíciles, veía una obstinada llamita de amor por mí en lo profundo de tu espíritu."

Sus palabras edificantes y sus obras justas

¿Qué son la leche, la miel y los vestidos fragantes que menciona el amado? Así como la leche y la miel ayudan a alimentar el cuerpo, los labios que destilan leche y miel son las palabras edificantes y llenas de vida de la esposa que alimentan la fe de los jóvenes, en lugar de acusarlos, difamarlos, criticarlos y hallarles defectos.

Sus vestidos fragantes son sus obras justas de servicio. El capítulo diecinueve del Apocalipsis describe a la novia lista ya para casarse con el Cordero. Con respecto a sus vestiduras, dice:

> Y a ella se le ha concedido que se vista de lino fino, limpio y resplandeciente; porque el lino fino es las acciones justas de los santos.
>
> —Apocalipsis 19:8

117

Cuando la intención de nuestro corazón es que seamos siervos, nuestro servicio destila una hermosa fragancia en la presencia de Dios (2 Corintios 2:15-16). Nuestro propósito de dar la vida por el Señor, de crucificar nuestro propio egoísmo, asciende hasta el Señor como perfume agradable.

Su espíritu está reservado para Él

A continuación, el amado compara a su amada con un "huerto cerrado... fuente cerrada, fuente sellada" (Cantar de los Cantares 4:12). Muchos de los huertos y jardines del mundo antiguo estaban abiertos a todos. Hasta los animales podían ir a beber de sus manantiales y de sus fuentes. Pero el huerto al que su amado se está refiriendo es un huerto cerrado y privado, reservado al rey.

El huerto de un rey era un lugar especial para el placer y el descanso. No estaba destinado a una productividad económica, como lo habría estado un gran campo de cereales. El rey no contaba la cantidad de canastos de rosas que cosechaba en su huerto cada año. No; iba a su huerto para disfrutarlo; para refrescarse en su belleza.

Al viajar por Europa, me encontré con que el palacio de los Habsburgo, en Viena, es uno de estos lugares. Tiene un magnífico jardín que ha sido mantenido a lo largo de los años, exclusivamente para el placer del rey y de su familia. Completamente separado del resto del palacio por un muro, el jardín está repleto con miles de flores hermosas.

El Señor nos está pidiendo a usted y a mí que seamos como ese jardín sellado; que nos convirtamos en su lugar personal para contemplar la belleza y deleitarse.

El corazón de la esposa no estaba abierto al espíritu contaminador del mundo. Su huerto estaba cerrado y sellado para que sólo lo usara su amado. Ella nunca dejaba las puertas abiertas para que los extranjeros o los animales pudieran entrar. No había ningún cartel que indicar: "Se vende". Continuamente rechazaba la inmoralidad, el orgullo y la codicia. Sus dones y su unción no estaban en venta ni eran para prostituirlos. Sólo se usaban para placer de su amado.

El sometimiento a sus tratos:
Cantar de los Cantares 4:16 –5:1

Mientras el amado derrama en abundancia su amor sobre ella, la esposa lanza uno de los grandes clamores proféticos del Cantar de los Cantares:

> Levántate, Aquilón, y ven, Austro; soplad en mi huerto, despréndanse sus aromas. Venga mi amado a su huerto, y coma de su dulce fruta.
>
> —CANTAR DE LOS CANTARES 4:16

Sabemos que el Aquilón es el viento del norte, el frío y penetrante viento del invierno, mientras que el Austro es el viento del sur, el viento cálido y refrescante que sopla mientras se está sembrando la semilla y durante la estación del crecimiento, en el verano. La esposa pide que se levanten ambos vientos. Pide que el duro viento del norte sople sobre ella para revelar lo que tiene en el corazón, pero también pide la bendición y el fresco del viento del sur.

Nunca superaremos nuestra necesidad de que sople sobre nosotros el Austro de la bendición. Yo he visto personas super espirituales, que se creían más comprometidas con Dios, de lo que Dios lo estaba con ellas. Las he oído orar diciendo: "Señor, no te preocupes por las bendiciones. Sólo quiero que me limpies y me purifiques."

Permítame decirle una cosa. No tengo ni la más mínima tentación de decirle a Dios que se olvide del viento del sur. Por lo general, hasta invierto el orden: "¡Señor, envíame el Austro! ¡Envíame el viento del sur! ¡Y de paso, aprovecha y envíame unos cuantos vientos del norte también)." La esposa no hizo como yo; dijo las cosas en su orden correcto. Es que yo aún estoy creciendo.

Cuando podemos pedir ambos vientos—sus tratos y sus bendiciones—, le estamos diciendo: "Si me amas tanto, sé que no tengo nada que temer de ti. Confío profundamente en ti. No les tengo miedo a las circunstancias difíciles. Tú no das nada que lo saque a uno de la vida real. Tú has guardado todos mis pasos."

No confunda el viento del norte con los ataques del diablo.

Siempre debemos resistirnos ante su violencia. No pedimos que él nos ataque. Eso es una necedad total, porque siempre nos debemos resistir al diablo y a lo que él quiere hacer con nosotros. Pero Dios puede usar los ataques de Satanás para fortalecernos el corazón.

Debemos tener una confianza absoluta en nuestro Amado. Por tanto, no debemos tener miedo de hacer esta oración: "Jesús, te amo. Quiero que desaparezca toda mi inmadurez. Quiero que mi corazón esté uncido al mismo yugo que el tuyo. Tu herencia en mí es la cosa más importante de mi vida. Por eso, ¡levántate, Aquilón!"

La esposa dice: "Soplad en *mi huerto,* despréndanse sus aromas. Venga mi amado a *su huerto,* y coma de su dulce fruta" (Cantar de los Cantares 4:16, cursiva del autor). Quiere que su amado reciba de la vida de ella toda su herencia. Ésta es la oración del siervo: "Entra en todos los rincones de mi corazón, Señor. Come con placer los frutos de mi vida."

El rechazo de otros creyentes: Cantar de los Cantares 5:6-8

Aparece a continuación la prueba máxima para la doncella, y es doble: Su amado le retira su presencia, y la gente la rechaza:

> Abrí yo a mi amado; pero mi amado se había ido, había ya pasado; y tras su hablar salió mi alma. Lo busqué, y no lo hallé; lo llamé, y no me respondió. Me hallaron los guardas que rondan la ciudad; me golpearon, me hirieron; me quitaron mi manto de encima los guardas de los muros. Yo os conjuro, oh doncellas de Jerusalén, si halláis a mi amado, que le hagáis saber que estoy enferma de amor.
> —CANTAR DE LOS CANTARES 5:6-8

Ésta es la segunda vez que su amado se ha alejado de ella. En el capítulo 3 se fue para atraerla a la obediencia. Esta vez le ha retirado su presencia para probarla.

Tarde o temprano, tanto usted como yo también nos enfrentaremos a esta doble prueba.

La primera prueba se produce cuando pierde consciencia de esa presencia de Dios que tanto satisface al alma. Se trata de una prueba temporal. Dios no se retira de ella a causa de alguna desobediencia, sino precisamente debido a su obediencia y a su anhelo de alcanzar una madurez plena.

Es como si el Señor le estuviera diciendo: "Esposa mía, déjame preguntarte una cosa: ¿Soy yo solamente la fuente de tu satisfacción, o soy la meta consumidora de tu vida? ¿Estás dispuesta a servirme aunque no sientas nada? Cuando no seas capaz de discernir mi presencia, ¿dirás: 'Soy tu sierva amorosa. Ya no se trata de que tú seas *mi herencia*. Yo soy *tu herencia*, Dios mío, y quiero que recibas de mi vida el máximo de bien y de gloria'?"

Paso a paso, está convirtiendo en realidad palpable su consagración a su amado. Ya él no es una simple piedra donde pararse de camino hacia cosas mejores. Se ha convertido en la maravillosa obsesión de su vida.

De repente, mientras ella está soportando aún la primera prueba, llega la hora de la segunda, que es igualmente fuerte. Cuando participamos en los sufrimientos de Cristo y lo ponemos todo en sus manos, tenemos que soportar los malentendidos y el rechazo por parte de otros creyentes. Esta vez, son los guardas de la ciudad los que encuentran a la joven, la golpean y la hieren y le arrebatan su manto.

¿Alguna vez ha sucedido que otros cristianos—la misma gente con la que usted se ha comprometido—no lo han sabido entender y se han levantado en su contra? Sin razón justificable alguna, ¿se han vuelto alguna vez contra usted, despojándolo de su honra, lugar y función entre los demás cristianos? ¿Sabe lo que es verse ensangrentado y desnudo, y sentir que el propio Dios lo ha abandonado?

¡Yo lo sé! Me ha sucedido que un grupo de pastores se ha levantado en mi contra con falsas historias y mentiras que se han regado por toda la nación. Pero aun en esos momentos, Dios me dijo que me callara y lo soportara. Si estaba dispuesto a esperar a que Él actuara, me revelaría que iba a ser más valioso para mí, que nunca antes... y lo hizo.

Por algún tiempo, durante las primeras etapas de nuestra progresión en la pasión santa, en las cuales estamos aún centrados en nosotros mismos, tal vez nos parezca que estamos perdiendo todo lo que al principio nos atrajo hacia Él. Algunas veces, esos maravillosos sentimientos espirituales y esa grandiosa sensación de su presencia van a desaparecer. Tal vez parezca que hemos perdido nuestra herencia en Él. Entonces, cuando da la impresión de que se nos ha despojado de aquellas cosas a través de las cuales podíamos dar fruto para nuestro Amado, es posible que dé también la impresión de que Él ha perdido su herencia en nosotros.

Como Job, aquella joven no sabía que la prueba por la que ella estaba pasando sólo duraría por un tiempo. Pero en medio de aquellos sentimientos de dolor y aflicción, estaba madurando. Es como si pudiéramos oír que proclamaba: "Ya no estoy en esto por ver lo que puedo obtener. Estoy en esto por ti, amado mío. Tú eres mi pasión y mi porción."

A continuación, la hallamos diciéndoles a las hijas de Jerusalén, a quienes yo veo como los creyentes que aún no han despertado a ese fervor: "Si encuentran a mi amado, díganle que no estoy enojada. No me siento ofendida porque él se haya alejado y haya dejado que me pasaran estas cosas. Lo amo. No estoy enojada; estoy enferma de amor." (Vea Cantar de los Cantares 5:8).

Cuando el Señor ve esa hermosa reacción en nosotros, aun cuando estamos caminando en medio de fuertes pruebas, exclama: "¡Sí, sí! ¡Ése es el corazón de mi esposa!"

La reacción de la joven atrae la atención de las otras, que le preguntan: "¿Qué es tu amado más que otro amado, oh la más hermosa de todas las mujeres?" (Cantar de los Cantares 5:9). Para mí es como si estas hijas de Jerusalén estuvieran preguntando, como la esposa de Job: "¿Porque eres tan tenazmente leal a tu amado? Al fin y al cabo, mira lo que él ha permitido que te suceda. ¿Por qué no lo echas todo a rodas, maldices a Dios y te mueres?" (Vea Job 2:9).

En mi opinión, los versículos 10 a 16 del capítulo quinto del Cantar de los Cantares presentan la proclamación de amor más destacada de toda la Palabra de Dios. La joven se halla despojada de sus ropas y herida delante de sus acusadores, y responde: "Mi amado es blanco y rubio, señalado entre diez mil" (Cantar de los Cantares 5:10). Entonces, describe algunos de los maravillosos atributos de su amado: su cabeza, su cabello, sus ojos, sus mejillas, sus labios, sus manos, su cuerpo, sus piernas, su aspecto y su boca. Alaba lo magnífico que es, y el encanto infinito que tiene todo cuanto hace. "Es fascinante... Así es mi amado y mi amigo", proclama (Cantar de los Cantares 5:10, 16).

Se centra en la realidad de su majestuosa personalidad. El conocimiento de su amado es el que la estabiliza. Mientras proclama el esplendor de su persona a través de estos diez atributos, está derramando su adoración. No reacciona sintiéndose ofendida con él porque le haya retirado su presencia y permitido que otros la rechacen. En lugar de esto, lo que hace es glorificar su grandeza.

Llevar a otros a la intimidad con Él: Cantar de los Cantares 6:3

¿Cómo reaccionan los demás cuando nos ven a usted y a mí absolutamente firmes en nuestra entrega e inconmovibles en nuestro afecto pro Jesús, aun en medio del sufrimiento, el rechazo y la persecución? ¿Cuál es su respuesta cuando ven que el precio no es objeción para nosotros, y que estamos totalmente entregados a Jesús, a pesar de las cosas que nos suceden?

> ¿A dónde se ha ido tu amado, oh la más hermosa de todas las mujeres?)A dónde se apartó tu amado, y lo buscaremos contigo?
>
> —CANTAR DE LOS CANTARES 6:1

Los que se burlaban y nos acusaban dejan de decirnos entre risas: "¿Dónde está ahora tu Amado?", y comienzan a gritar: "¡Nosotros también queremos tenerlo!"

A medida que el Espíritu Santo le revela cada vez más la personalidad de Jesús a nuestro corazón, nuestra entrega se va haciendo más profunda, y la consecuencia es un número de creyentes apasionados en continuo crecimiento. Algunos de estos creyentes apasionados van a tener dieciséis años; otros, cuarenta y cinco; otros, noventa y dos. Unos serán camioneros, mientras que otros serán grandes funcionarios de corporaciones. Dios está levantando un ejército de creyentes cuya apasionada entrega a Él inspire al resto del cuerpo de Cristo y lo prepare para la gran cosecha de almas que vendrá.

¿QUÉ PUEDE VENCER AL CORAZÓN DE DIOS?

Como el amado del Cantar de los Cantares, nuestro Amado ve cuando los creyentes reaccionan ante las crueles pruebas de la vida con adoración y confiada entrega. La consagración de su esposa a Él lo subyuga por completo:

> Hermosa eres tú, oh amiga mía, como Tirsa; de desear, como Jerusalén; imponente como ejércitos en orden. Aparta tus ojos de delante de mí, porque ellos me vencieron.
> —CANTAR DE LOS CANTARES 6:4-5

"¡Aparta de mí tus ojos, *porque me han vencido!*", exclama nuestro Amado. ¡Piénselo! El Dios del cielo, vencido. No hay ejército, ni principado, ni poder en los cielos o en la tierra, que pueda vencer a Aquél que midió las aguas en el hueco de su mano y marcó los límites de los cielos con el ancho de sus dedos. El Dios que calculó el polvo de la tierra, pesó los montes en una balanza y las colinas en un par de platillos. El que enumera las nubes y convierte el invierno en primavera. El Dios que llama por su nombre a todas las estrellas. Sólo hay una cosa capaz de vencer al corazón de ese Dios: el tierno amor de aquéllos que le dan el sí.

CONTINÚA LA PROGRESIÓN DE LA PASIÓN SANTA

Hemos visto en el hermoso libro del Cantar de los Cantares que a medida que nuestro Amado nos revela las profundidades de su personalidad, esa revelación nos capacita para permanecer firmes en tiempos de dificultades y de pruebas. Cuando comenzamos a comprender su majestuoso esplendor y su infinita ternura, no nos ofendemos cuando no comprendemos el camino por el que nos está llevando. Aun en los tiempos más difíciles y de mayores pruebas, nuestros labios derraman alabanza y adoración por nuestro Amado.

El Cantar de los Cantares revela algunas verdades más acerca de la relación apasionada y tierna entre el creyente y su Amado. En Grace Training Center, nuestro programa de jornada completa para adiestrar líderes en Metro Christian, enseño muchos de estos principios, entre los que se hallan los siguientes:

Nos dice que después de haber permanecido fieles a Jesús en medio de las acusaciones, las mentiras y el rechazo, Él mismo nos va a reivindicar (6:4-13). Ya no vamos a vivir para nuestro placer, sino sólo para el suyo (7:1-10).

Mientras trabajamos con Él para recoger la cosecha, otros creyentes de las distintas naciones del mundo llegarán a amar a Jesús como nosotros (7:11; 8:50. Él va a poner el ardiente sello de su amor sobre nuestro corazón (8:6-7). La entrega y la pasión que Cristo siente por nosotros nos va a llevar a una madurez plena y a una pasión desbordante por Él. Así, Él recibirá toda su herencia en nuestra vida (8:8-14).

De la misma forma que la gloria de un hombre es su esposa, nosotros somos la gloria de nuestro Amado, por ser la esposa suya, la que el Padre le dio desde la eternidad pasada. Vamos a gobernar y reinar con Él. ¡Vamos a ser su posesión más preciada!

EL CÁNTICO DE NUESTRO AMADO

Lo animo a que tome el Cantar de los Cantares y convierta sus versículos en meditaciones devocionales. Este hermoso cántico sobre el amor divino nos deja asombrados cuando comenzamos a comprender la naturaleza profética de sus palabras. Esas palabras nos transforman la vida cuando nos damos cuenta de que nuestro Amado también las está pronunciando sobre nosotros, hablando positivamente de nosotros y revelando cualidades que aún no se han desarrollado por completo en nuestra vida. ¡Si Dios nos quisiera dar unos ojos nuevos para ver la ternura y el anhelo que siente su corazón por nosotros mientras estamos aún creciendo, fallando, débiles en tantos sentidos!

Nunca permita que las verdades de este hermoso cántico de amor divino se le olviden y se desvanezcan de su corazón. Atesore el mensaje del amor de Dios por usted. Jesús disfruta de usted y piensa siempre de manera positiva acerca de usted, aun en medio de sus imperfecciones e inmadureces. Cuando usted sabe que Él se siente encantado con su belleza, se le llena el corazón de un valor y una seguridad nuevos. La comprensión de la tierna personalidad de Dios lo prepara para hacerle guerra al enemigo y demoler las fortalezas de mentiras y acusaciones que él ha levantado en su mente. Cuando usted se apoye en el conocimiento seguro y firme del corazón subyugado de Dios y su amor desbordante y firme, va a poder permanecer maduro, inconmovible y sin sentirse ofendido en los momentos de problemas o de persecución. La comprensión de que las poderosas pasiones del corazón del mismo Dios son la fuente de una santa pasión en su propia vida asegura que esa pasión suya por Él progrese continuamente.

Tal como ha visto en el Cantar de los Cantares, Dios lo persigue con un amor incansable e infinito. No deje que esta verdad se le enfríe en el corazón. Dios no es una especie de fuerza mística y nebulosa que ama a las masas, pero no ama a las personas; no es un Dios cuyo amor se centra en los grandes grupos de seres humanos, y no en cada uno de nosotros. Usted sirve a un Dios apasionado y profundamente amoroso, cuyo corazón se siente subyugado por la belleza de su corazón sincero y entregado. ¡Usted es tan hermoso para Él, que lo dejan sin aliento!

Yo creo que en los próximos años, el Señor va a liberar más revelación sobre sí mismo a través el Cantar de los Cantares, el arrebatador cántico del Amado para su esposa.

Señor, utiliza el Cantar de los Cantares para liberar mil cantos en mil idiomas distintos. Que tu mensaje de amor sea cantado como un mensaje nuevo cada vez. Que la revelación de tu corazón arrebatado de amor lleve a tu esposa a la plenitud de su madurez.

10

....

EL CONOCIMIENTO DE DIOS HASTA LOS CONFINES DE LA TIERRA

En su libro *Puritan Hope* ["Esperanza puritana"][1], Iain Murray documenta la venida de un avivamiento al final de los tiempos, dando pruebas bíblicas sobre la convicción puritana de que en el calendario de Dios está establecido que se produzca un avivamiento a nivel mundial antes del regreso del Señor.

UN AVIVAMIENTO A NIVEL MUNDIAL

Habacuc profetizó acerca de este glorioso avivamiento:

> La tierra será llena del conocimiento de la gloria de Jehová, como las aguas cubren el mar.
>
> —HABACUC 2:14

También Miqueas lo predijo:

> Y él estará, y apacentará con poder de Jehová, con grandeza del nombre de Jehová su Dios; y morarán seguros, porque ahora será engrandecido hasta los fines de la tierra.
>
> —MIQUEAS 5:4

No sólo va a suceder que todos los pueblos escucharán el gran mensaje del Evangelio, de que Cristo murió por ellos. También verán demostrada su gran gloria hasta los extremos de la tierra en la vida consagrada de unas personas que habrán despertado a la pasión y el fervor por Dios.

La descripción que hace Pablo de la Iglesia gloriosa es el pasaje más claro y concreto de los que destacan este aspecto de los propósitos de Dios para la Iglesia en los últimos tiempo.

> Y él mismo constituyó a unos, apóstoles; a otros, profetas; a otros, evangelistas; a otros, pastores y maestros, a fin de perfeccionar a los santos para la obra del ministerio, para la edificación del cuerpo de Cristo, hasta que todos lleguemos a la unidad de la fe y del conocimiento del Hijo de Dios, a un varón perfecto, a la medida de la estatura de la plenitud de Cristo.
>
> —EFESIOS 4:11-13

Cuando Pablo dice: "Lleguemos... [al] conocimiento del Hijo de Dios", no se está refiriendo al conocimiento salvador inicial del Evangelio. Les está escribiendo a los creyentes de Éfeso para asegurarles que uno de los propósitos por los que la Iglesia tiene un ministerio, es llevar a la gente a un conocimiento experimental y una intimidad con Jesús. Estos versículos indican con mucha claridad que la Iglesia va a alcanzar tres cosas concretas:

1. La unidad en la fe
2. Un conocimiento íntimo del esplendor de Jesús
3. La madurez espiritual

Los propósitos que tiene Dios con respecto a la Iglesia en esta época no se habrán cumplido hasta que se produzcan esas tres cosas: unidad, intimidad y madurez.

La Iglesia va a ser restaurada a esas tres dimensiones antes de que regrese el Señor para llevarse consigo a su esposa. Durante muchos años, Dios ha estado restaurando diversas verdades en la Iglesia. Yo considero que nuestra generación está viendo una nueva aceleración en la actividad divina de restauración. "Hasta que todos lleguemos a la unidad de la fe y del conocimiento del Hijo de Dios, a un varón perfecto, a la medida de la estatura de la plenitud de Cristo" (Efesios 4:13).

Hay quienes miran hacia Jerusalén, Israel, el Templo o incluso el anticristo, mientras esperan ansiosos la venida del Señor. O bien, miran hacia la confederación de las diez naciones, o el Mercado Común Europeo, para determinar el momento de la venida del Señor. Yo creo que la señal más importante de su venida es la restauración de la Iglesia a la unidad, la intimidad y la madurez.

Parte de esta restauración de la Iglesia son los ministerios que van a funcionar para preparar y edificar a la Iglesia en estas tres dimensiones. A lo largo de su historia, y de la trayectoria común del cristianismo, hemos visto estos ministerios en una cierta medida, cada vez que han funcionado personas sinceras dentro del cuerpo de Cristo. Sin embargo, estamos a punto de verlos a una escala mundial.

UNA NUEVA MEDIDA DE CELO

¿Cómo se va a producir la restauración de la Iglesia? ¿Cómo se van a llenar los redimidos con el conocimiento íntimo de Dios, y cómo se van a consumir en un apasionado amor por Él? "El celo de Jehová de los ejércitos hará esto" (Isaías 9:7). Creo que en la próxima década vamos a ver una nueva medida del celo de Jehová de los ejércitos. En el momento perfecto dispuesto por Dios dentro de su plan perfecto, el Espíritu Santo va a manifestar su celo por Jesús de una forma sin paralelo, liberando una ardiente pasión por el Hijo de Dios.

LA RESTAURACIÓN DE JESÚS
AL PUNTO FOCAL DE LA REDENCIÓN

La Iglesia se ha centrado en muchos de los beneficios de la redención: salvación, sanidad, integridad, pureza, poder y autoridad. Sin embargo, no hemos hecho resaltar a Jesús en su magnífica personalidad como el punto focal de la redención. La Iglesia conoce a Jesús en sentido redentor, como Salvador, pero no lo conoce íntimamente, como una persona infinitamente gloriosa.

No ha experimentado las excelencias de sus perfecciones divinas. En muchos sentidos, Jesús sigue siendo un extraño en su propia casa. No obstante, la Palabra de Dios declara que una íntima comprensión de Cristo y de sus excelencias y perfecciones divinas va a llenar a la Iglesia. (Vea Colosenses 2:2-3).

Jesús les habló a sus discípulos acerca de su relación exclusiva con el Espíritu Santo:

> Si no me fuera, el Consolador no vendría a vosotros; mas si me fuere, os lo enviaré... El me glorificará; porque tomará de lo mío, y os lo hará saber.
> —JUAN 16:7, 14

Es la palabra de Jesús la que libera la actuación del Espíritu Santo, y Él viene a este mundo con una agenda que cumplir. Al principio mismo de su lista de actividades y responsabilidades divinas se halla la de glorificar a Jesucristo, llenando de Él los afectos de los suyos. ¡Con cuánta urgencia necesita la Iglesia ese ministerio especial del Espíritu Santo!

LA REVELACIÓN DE JESÚS A LA IGLESIA

Cuando se revela a Jesucristo, se libera un hambre de pureza y justicia. ¿Cuál fue el clamor de Isaías cuando vio al Señor alto y sublime?

> ¡Ay de mí! que soy muerto; porque siendo hombre inmundo de labios, y habitando en medio de pueblo que tiene labios inmundos, han visto mis ojos al Rey, Jehová de los ejércitos.
> —ISAÍAS 6:5

El hambre de pureza es una de las respuestas del creyente que ve al Señor en su gloria. Otra de las respuestas es que se siente consumido de pasión y celo por Él, tal como se sentía Isaías cuando clamó: "Heme aquí, envíame a mí" (Isaías 6:8).

Jesús no va a venir a buscar a una Iglesia dedicada a rechinar sus dientes, a forcejear para permanecer libre de pecado, deseando en secreto que le fuera posible permitirse un poco de inmoralidad, pero absteniéndose porque tiene miedo de que la descubran. No; Jesús viene a buscar una iglesia apasionada y completamente entregada a Él; una Iglesia libre por dentro. La mayor motivación que podemos tener para obedecer al Señor es una revelación creciente sobre quién es Él: sus pasiones y placeres, y el esplendor incomparable de su personalidad.

En Apocalipsis 6:12-17, Juan describe la reacción de la creación natural cuando ese Jesús soberano y majestuoso haga de nuevo su entrada en la historia. Hay un gran terremoto. El sol se vuelve negro como tela de cilicio. La luna se vuelve como sangre. Las estrellas del cielo caen a la tierra. El firmamento se rompe como un pergamino cuando alguien lo enrolla. Las montañas y las islas son removidas de su lugar. Toda la humanidad, desde el más grande hasta el más pequeño, les gritan a los montes y a las peñas: "Caed sobre nosotros, y escondednos del rostro de aquel que está sentado sobre el trono, y de la ira del Cordero; porque el gran día de su ira ha llegado; ¿y quién podrá sostenerse en pie?" (vv. 16 y 17). Este universo se va a sacudir y tambalear porque el Rey está regresando a su creación para pedirle cuentas por su desobediencia hacia Él.

¿Quién es el Señor para que usted lo deba honrar y obedecer con todo su tiempo, dinero y talento? ¿Quién es el Señor para que usted deba resistirse a los placeres, oportunidades y posiciones que se hallan fuera de la voluntad de Él para su vida? ¿Quién es Él para que usted deba tener hambre y sed de Él, y apartar tiempo para buscarlo con diligencia? Es el Rey magnífico, lleno de un esplendor y una belleza infinitos. ¡Es el Señor que posee un poder soberano ilimitado y majestuoso sobre toda la creación!

La preparación para el avivamiento que vendrá

Son muchos hoy los cristianos que se contentan con sentarse junto a los vitrales de las iglesias en sus pequeñas zonas de comodidad, sin preocuparse por la desastrosa situación de los no creyentes que están fuera de la puerta de la iglesia. Muchos creyentes están desilusionados y preocupados con sus propios intereses personales, en lugar de ir con diligencia al lugar de oración para interceder por las necesidades de los demás.

Pienso que la iglesia carismática se encuentra en una crisis de vida. Sus miembros se contentan con buscarse una buena vida para ellos mismos, amando a Dios y olvidándose de todo lo demás. Muchos creyentes no están dispuestos a tomar ningún riesgo nuevo, ni a salir más allá de la comodidad de lo conocido dentro de la iglesia, para llevarles el amor de Dios a aquéllos que no lo conocen en absoluto.

¿Por qué estamos los cristianos perdiendo el tiempo pasivamente en nuestras pequeñas zonas de comodidad, desconectándonos del Espíritu Santo, descuidando la oración y la Palabra de Dios? ¿Por qué no les estamos haciendo caso a las indicaciones de Dios para que lleguemos a los perdidos y necesitados? ¿Por qué hacemos concesiones al mundo y nos deslizamos de la gracia? ¿Qué estamos haciendo?

El Señor de esplendor y gloria indescriptibles se le va a revelar a la Iglesia. Esa revelación va a despertar una profunda respuesta de obediencia y amor absolutos. Nunca regresaremos a nuestras concesiones ni a nuestra pasividad. El cuerpo de Cristo va a dejar de lado sus superficiales entretenimientos. No va a necesitar el vacío que en estos momentos la distrae. Va a rechazar el Evangelio centrado en la persona con el cual se ha estado alimentando. Va a perder su energía para la discordia, las peleas mezquinas y las heridas.

Creo que se aproxima una gran cosecha de almas. Decenas de miles se unirán a la Iglesia en muchas de las grandes ciudades. El pueblo de Dios debe estar listo, puesto que nosotros somos los que vamos a cuidar de las multitudes que vendrán. La historia revela que vamos a reproducir convertidos según nuestra propia especie. A esos nuevos creyentes les vamos a impartir lo que nosotros poseamos.

Algunas veces hago esta oración: "Dios mío, no eches a andar por completo la cosecha, mientras no liberes en tu Iglesia algo que valga la pena impartirles a las multitudes de recién convertidos. No permitas que nazca otra generación más de esos cristianos que se ofenden por cualquier cosa y andan tras el dinero, el poder, las posiciones y los placeres. Te ruego que nos llenes con un conocimiento más íntimo del esplendor y el encanto de tu Hijo, antes de traernos a nosotros una multitud de nuevos creyentes para que los preparemos; hasta que *todos* alcancemos la unidad, la intimidad y la madurez."

Los días de las super estrellas espirituales han terminado. A Dios no le interesa hacer famoso a ningún hombre ni a ningún ministerio o iglesia. Él está dedicado a esparcir la fama de su Hijo por todas las naciones. Está buscando creyentes que ardan de pasión por su Hijo y entrega a Él, y estén dispuestos a decir: "En la tierra sólo tengo un momento. Mi ciudadanía está en los cielos, y quiero extender tu fama. ¡Quiero capturar los corazones de la gente para ti!"

En última instancia, Dios le quiere dar a su pueblo una gracia y un poder mayores. Sin embargo, creo que va a reservar ese poder mayor—esa liberación más poderosa de su Espíritu—para el momento en que la Iglesia se dedique a proclamar las riquezas de la maravillosa personalidad de Cristo (Efesios 3:8). Va a ungir y llenar de poder a los creyentes que traten de captar los corazones de otros para su Hijo, y no para ellos mismos.

LA RAZÓN DE SER DE LA UNCIÓN

El Espíritu Santo quiere impactar a la gente para Jesús, y no para el último ministerio emocionante que haya en la nación, o para el pastor que tenga el edificio más grande de todos. Sin embargo, por raro que parezca, sí unge a hombres y mujeres que no glorifican a Jesús en su vida personal. Lo hace continuamente.

Cuando mi ministerio estaba tomando forma, a mediados de la década de los setenta, yo veía algunos de los predicadores y le preguntaba al Señor: "¿Por qué les das poder a esos evangelistas que se promueven a sí mismos de una forma tan abierta?" Cuando comencé a crecer en el Señor, casi podía sentir al Espíritu Santo advirtiéndome que imitara al Señor, y no a los hombres, y que me asegurara de hacerlo así en mi propio corazón.

En los últimos días, la Iglesia va a mostrar una tenaz lealtad a la persona de Jesús. Si hay algún ministerio en la actualidad que tenga ese tipo de lealtad, imítelo. Pero si no, no se sienta impresionado, sólo porque unas cuantas personas se vayan al suelo cuando el predicador ora por ellas. Eso no es suficiente. Hay algo más grande que el que la gente se caiga cuando nosotros oramos. Yo creo que algo de eso podrá seguir sucediendo, pero hay algo más; algo mucho mejor, que va apareciendo por el horizonte. Estamos a punto de descubrir lo que significa vivir y ministrar en un desbordamiento de nuestra experiencia personal con respecto al saciador conocimiento de la persona de Cristo.

UN PROPÓSITO CONSTANTE

¿Anhela usted impactar a la gente con respecto a Jesús? ¿Suspira por glorificarlo en su vida personal? Entonces lo exhorto a que haga de los siguientes versículos dos de las oraciones supremas de su vida.

Comience orando "para que el Dios de nuestro Señor Jesucristo, el Padre de gloria, os [le] dé espíritu de sabiduría y de revelación en el conocimiento de él" (Efesios 1:17). Después, tome la gran oración de Cristo: "Para que el amor con que me has amado, esté en ellos" (Juan 17:26), y aplíquesela a usted mismo. Ore para que usted llegue a amar a Jesús como lo ama Dios Padre.

Lea esos dos versículos una y otra vez. Medite en ellos. Escriba lo que le venga a la mente cuando ore con ellos. Comience a pedirle a Dios un espíritu de sabiduría y revelación en el conocimiento del esplendor y la belleza de Jesús. Pídale amar al Hijo como lo ama el Padre. Cuando Dios comience a responder esas oraciones, usted va a disfrutar ante el Señor una vida santa y limpia hasta los huesos.

Usted y yo necesitamos perseverar hasta que seamos "fortalecidos con poder en el hombre interior por su Espíritu" (Efesios 3:16). No tendremos descanso hasta que nos convirtamos en prisioneros de Dios. No vamos a experimentar la paz y la realización verdaderas mientras Él no logre capturar nuestro amor y nuestra obediencia. En nuestra condición de cautivos de sus propósitos divinos, vamos a llevar a otros a la pasión por Jesús y a la cautividad sometida a Él (Efesios 4:8).

Lo exhorto a convertir en la visión de su vida el anhelo de ser lleno con el conocimiento de la belleza y los encantos que hay dentro de la personalidad de Dios. Entréguese por completo a la búsqueda del conocimiento de las pasiones y el esplendor de Cristo

Jesús. Proclame su maravillosa personalidad. Ayude a otros a llegar a conocerlo y adorarlo. A través de las épocas cambiantes que habrá en el ministerio de su vida, y a través de la poda de unas actividades antes fructíferas y el florecimiento de otras nuevas, nunca permita que cambie ese propósito constante.

LA GENERACIÓN DE LOS JUSTOS

A Dios no le interesa elevar super estrellas para que éstas puedan edificar sus propios reinos personales. Lo que le interesa es preparar una generación de creyentes justos, llenos del esplendor majestuoso y el indescriptible encanto de su Hijo. Él se dedica a responder el clamor del corazón de aquéllos que anhelan ser llenos de una apasionada ternura por su Hijo. Le interesa ungir a una generación consumida por el anhelo de dar a conocer su nombre entre las naciones. Hace falta el poder de Dios para quebrantar y derretir los corazones duros. Veamos un método que va a ayudar.

11

·················

LAS BENDICIONES
DE LA INTIMIDAD

Unos amigos míos no habían tenido hijos después de veintitrés años de matrimonio, mucha oración, dos operaciones de cirugía mayor para corregir la esterilidad, incontables pruebas y tratamientos, y el gasto de miles de dólares. Negándose a ser también espiritualmente estériles, habían decidido hace mucho tiempo invertir su vida en el reino de Dios, ministrándoles a otras personas. La esposa sacó un doctorado para poder servir a Dios con mayor eficacia dentro de su llamado. El esposo, próspero hombre de negocios, se convirtió en sal y luz por medio de las posiciones políticas que ocupó en el complejo metropolitano donde vivían.

Entonces Dios los sorprendió. Una valiente joven canceló el aborto que tenía concertado para el día siguiente, llevó a buen término su embarazo y dio a su hijo en adopción cuando nació, con la condición de que se lo situara en el hogar de un matrimonio cristiano que lo criara para Dios. Ya adivinó. A través de una serie de coincidencias e intervenciones divinas, mis amigos, que ni siquiera tenían su nombre puesto en ninguna lista de adopción, porque se los consideraba por encima del límite de edad permitido para adoptar, se vieron bendecidos con un hermoso niño de pocos días de nacido.

La feliz pareja comprendía que realizar todo el papeleo legal que establecía la posición del bebé como miembro de su familia sólo era el principio. La mayor tarea, la tenían por delante: crear una relación estable y profunda de amor entre su hijo adoptivo y ellos. Sabían que iban a amar a su pequeño con toda dedicación, tanto si él reciprocaba su amor, como si no lo hacía, pero se lanzaron a ganarse el amor del niño a base de manifestarle el amor y la ternura que sentían por él. Rodeado por una atmósfera de amor, estabilidad y muchos abrazos y besos, su hijo era la imagen misma de la satisfacción y la seguridad.

Pasó el tiempo, y una tarde, mientras pasaban en automóvil frente a su encantadora casa, el pequeño exclamó: "¡Mi casa!" Y ciertamente lo era. Todo lo que aquellos industriosos padres tenían, se lo habían legado a él desde el momento en que se había convertido en miembro de su familia. Todo cuanto tenían era suyo.

Entonces, llegó el día en que el hijo de aquel matrimonio comenzó a corresponder a su afecto. Su padre lo besó en la mejilla y le susurró: "Te quiero", como lo había hecho miles de veces antes. El pequeño alzó la mirada, sonrió y dijo: "¡Yo tú!" Mientras el "Yo tú" terminaba pasando a ser también un "Te quiero", acompañado de encantadores besos e incontables abrazos, aquel padre sentía lo que Dios debe sentir cuando sus hijos comienzan a pasar más allá de la etapa egocéntrica de recibir y le comienzan a devolver amor por amor.

¿Podemos tener la esperanza de comprender alguna vez las profundidades del amor que Dios ha demostrado tenernos al hacernos hijos e hijas en su propia casa? Esto es lo que escribe J. I. Packer en su libro *Knowing God* ["Conocer a Dios"]: "El Nuevo Testamento nos da dos maneras de medir el amor de Dios. La primera es la cruz (1 Juan 4:8-10); la segunda es el que nos haya hecho hijos suyos (1 Juan 3:1). De todos los dones de la gracia, la adopción es el mayor."[1]

Dios Padre nos adoptó a usted y a mí como hijos, se nos entregó como Padre amoroso nuestro y nos hizo coherederos con Cristo porque así lo decidió, y no porque tenía que hacerlo.

LA MOTIVACIÓN PARA EL CRECIMIENTO ESPIRITUAL

¿Qué es lo que motiva mejor a un hijo para querer ser como sus padres? ¿Es la intimidad, son el amor y el respeto, o el aislamiento, el temor y la culpa? El mismo principio es cierto en el ámbito espiritual. El uso de unas motivaciones incorrectas para tratar de llevar a los creyentes a buscar la intimidad con Cristo—temor, fuerza, imposición de sentimientos de culpa o manipulación— podrá dar la impresión de que obtiene resultados con rapidez, pero esos resultados no van a permanecer. Hasta disciplinas espirituales como la oración, el ayuno, el estudio de la Biblia y la labor de testificar terminan con frecuencia en el legalismo, el orgullo, la inseguridad o una morbosa introspección, si se llevan a cabo con una motivación incorrecta.

Algunas veces, los cristianos se mueven a actuar con mayor rapidez si se les dice que Dios está enojado y está perdiendo el interés en ellos, o que van a tener un lamentable fallo, y van a perder todo lo que aman en esta tierra si no se deciden a actuar y producir. Sin embargo, a la larga, habrá unos cuantos creyentes muy sinceros que van a terminar heridos, desalentados y destruidos porque han edificado su vida espiritual sobre unos cimientos defectuosos.

La mejor motivación para un crecimiento espiritual constante es conocer en el corazón el profundo amor y la total aceptación de Dios por usted y por mí, como hijos suyos muy queridos. Pablo se lo explica a los creyentes de Roma con estas palabras: "Pues no habéis recibido el espíritu de esclavitud para estar otra vez en temor, sino que habéis recibido el espíritu de adopción, por el cual clamamos: ¡Abba, Padre!" (Romanos 8:15). Nuestro espíritu clama y suspira por tener más de Él cuando vemos la amorosa forma en que nos ha adoptado como hijos suyos, en lugar de condenarnos.

El hecho de estar enraizados y plantados en el amor fuerte y firme de Dios nos motiva a una constancia, una pasión espiritual y una madurez más grandes. Cuando comenzamos a comprender la ternura del Padre y el precio que pagó Jesús para redimirnos, nuestro corazón se deshace en entrega y gratitud. Anhelamos un conocimiento más pleno e íntimo de Dios y una comunión con Él de corazón a corazón. Queremos convertirnos en hijos prudentes que le podamos dar gozo a nuestro Padre. En lugar de convertirnos en hijos pródigos, o en "ovejas negras" de su familia, queremos andar todo el tiempo con Jesús, nuestro hermano mayor, y ser como Él cuando crezcamos.

Mientras usted y yo buscamos la intimidad con Jesús, se nos hará evidente que somos hijos del linaje real de Dios. *Vamos a manifestar nuestro parecido de familia* a base de conformarnos a Cristo. *Vamos a buscar el bienestar de nuestra familia* a base de amar a nuestros hermanos. *Vamos a mantener en alto el honor de nuestra familia* a base de evitar lo que nuestro Padre odia, buscar lo que Él ama y tratar de darle gloria. Cuando cultivemos la intimidad con Jesús, con las riquezas de su gloria seremos "fortalecidos con poder en el hombre interior por su Espíritu" (Efesios 3:16).

LAS SIETE BENDICIONES DE LA PASIÓN SANTA

El primer paso para llegar a experimentar la intimidad con Jesús, es tomar la decisión de buscarlo a Él más de lo que buscamos otras cosas buenas, como pueden ser la unción, la felicidad y el éxito. Cuando alguien decide en su corazón que va a buscar al Señor, su vida comienza a cambiar en muchos sentidos. He aquí unos pocos:

1. La intimidad nos lava el espíritu.

Jesús amó a la Iglesia y se dio a sí mismo por ella "para santificarla, habiéndola purificado en el lavamiento del agua por la palabra, a fin de presentársela a sí mismo, una iglesia gloriosa" (Efesios 5:26-27).

De la misma manera que usted y yo necesitamos tomar todos los días un baño corporal, también necesitamos un baño espiritual diario para quitarnos la "mugre" y la contaminación. Si dejamos que se acumulen, nos van a llevar al embotamiento espiritual y a la insensibilidad de espíritu. El tipo de corrupción interior como el enojo, la maledicencia, la impaciencia y la sensualidad entristece al Espíritu Santo y hace que nuestro propio espíritu se vuelva insensible e incapaz de responderle plenamente a Él.

Cuando centramos el corazón en la *persona* de Jesús y dialogamos con Él, la Palabra de Dios nos lava el espíritu. Somos

139

purificados de la contaminación que se produce por nuestro contacto diario con un mundo caído. La acumulación de información acerca de las Escrituras y la disciplina mental de pasar horas estudiando la Biblia nunca van a poder limpiar por completo al hombre interior como lo puede hacer la meditación devocional en adoración sobre la Palabra de Dios. Cuando sólo hacemos un estudio bíblico, acumulamos importantes datos y conceptos de las Escrituras. Pero cuando nuestro estudio bíblico nos lleva a un diálogo personal con Jesús mientras meditamos en su Palabra purificadora, también experimentaremos un crecimiento en nuestra hambre espiritual, sensibilidad y cercanía a Él.

2. La intimidad nos protege el alma.

Nunca llegaremos a poseer una pureza genuina sin sentir un afecto interior por Jesús. Las disciplinas externas y las normas de santidad sin una entrega a Jesús tienen muy poco poder real, o muy poca vida en sí. No son las reglas y las normas las que nos guardan el alma, sino una persona llamada Jesús. El afecto por Él crea un impedimento para las continuas tentaciones que nos tratan de inundar el alma. Vamos a compartir un ejemplo práctico.

Cuando integramos la pasión por Jesús en nuestros fundamentos espirituales, esta resolución de nuestro espíritu repele automáticamente las comunicaciones de tipo sensual que otros nos envían. Devuelve un mensaje: "No, no estoy disponible". Ese mensaje, claro y firme, brota de dentro de nuestro espíritu, y arranca la tentación apenas ha surgido.

Estamos llenos de un anhelo y una ternura tales por Jesús, que nos negamos a dejarnos envolver en la sensualidad y en unas relaciones incorrectas. No se trata de que tengamos miedo a que nos descubran. No es cuestión de que temamos quedar en vergüenza y perder honor, posición, privilegios o incluso la unción. Para resistirnos a las tentaciones tenemos una motivación más alta que el temor al SIDA o a caer bajo la disciplina de Dios. Nuestro corazón está escudado por nuestro amor y reverencia a Cristo.

Una de las mayores glorias de la Iglesia de Cristo es su limpieza, su pureza. El creyente que se halla profundamente enamorado de Jesús, con su alma combativamente dedicada a buscar la intimidad con Él, está en la posición debida para vencer a las tentaciones. Esto es cierto incluso en las relaciones naturales. No son muchas las personas tentadas a tener una aventura romántica con alguien que no sea su cónyuge mientras se hallan en su luna de miel. La mayoría de los recién casados están tan conscientes del amor que comparten entre sí, que la tentación de correr una aventura con otra persona les parece absurda. En cambio, el alma pasiva que vaga de fantasía en fantasía y carece de afecto por Dios, es vulnerable a casi todas las tentaciones que pasen junto a ella.

En nuestra búsqueda de la intimidad con Jesús, tanto usted como yo nos debemos dar cuenta de que los sentimientos van y vienen, oscilando desde la pasión santa hasta la esterilidad espiritual. Tendremos tiempos de un amor profundo, ferviente y anhelante por Jesús, durante los cuales nos sentiremos profundamente inspirados cuando oramos. Pero también vamos a pasar por tiempos en los cuales oraremos sin sentir en absoluto la presencia de Dios. No obstante, a medida que vayamos persistiendo, comenzaremos a darnos cuenta de que incluso en esos tiempos de sequedad y esterilidad, nuestro corazón se va volviendo más ferviente en un amor maduro por Jesús. Nuestro centro es Jesús, y no unos sentimientos que parecen haber huido para siempre.

Pablo proclama: "El mayor de ellos es el amor" (1 Corintios 13:13). El amor es nuestra gran motivación. Es nuestra mayor fuerza, gozo, protección y perseverancia. La protectora coraza del amor que Cristo nos tiene y el que nosotros le tenemos a Él es la mayor de las piezas que componen nuestra armadura espiritual. Sólo la arrogancia se atreve en su necedad a entrar en la guerra espiritual sin ella.

3. La intimidad le da motivación y ardor a nuestro corazón.

Cuando estamos "sembrando para el Espíritu" (Gálatas 6:8), nos estamos poniendo en contacto con la presencia de Dios, tanto si la sentimos como si no. Cuando nuestra alma adquiere el hábito de centrarse en Él, recibimos la maravillosa unción de la que se habla en Hebreos: "El que hace... a sus ministros llama de fuego" (1:7). El ardiente corazón de Cristo es el que hace arder el nuestro. El fuego engendra fuego.

Me encanta el versículo del Cantar de los Cantares en el cual el amado le habla a su esposa y le dice:

> Ponme como un sello sobre tu corazón, como una marca sobre tu brazo; porque fuerte es como la muerte el amor; duros como el Seol los celos; sus brasas, brasas de fuego, fuerte llama.
>
> —CANTAR DE LOS CANTARES 8:6

Esa santa llama es incansable y consumidora. Es capaz de hacer arder al alma que se centra en ella, por estéril que sea, y liberar unas profundas emociones de hambre por Jesús. En cambio, si nos mantenemos demasiado ocupados, o nos ofendemos por cualquier cosa, nos dejamos amargar o permitimos que nuestras cosas nos absorban, la llama disminuye.

Es importante que comprendamos este principio: Aunque es cierto que una vida descuidada por parte de un cristiano hace que la llama se vuelva mortecina, eso no significa que el amor de Dios por ese creyente haya disminuido. Usted y yo nos debemos negar a creer la sutil mentira del enemigo, según la cual el amor de Dios por nosotros tiene sus altibajos, según las vacilaciones de nuestros propios sentimientos y logros espirituales. La llama de la que estamos hablando no representa el amor y la ternura de Dios por nosotros, sino que representa nuestra pasión y celo por Él. Podemos perder nuestra pasión por Jesús, sin perder el amor que Dios nos tiene a nosotros.

4. La intimidad satisface a nuestro espíritu humano.

La intimidad satisface los anhelos más profundos de nuestro espíritu. No siempre el que ha nacido de nuevo lleva dentro la sensación de que Dios está cerca. El ministerio eficaz produce una satisfacción que aparece cuando ayudamos a los demás y somos útiles en el reino de Dios, pero no es una satisfacción profunda o permanente. Sólo la relación íntima con Jesús es capaz de satisfacer este clamor interno nacido del Espíritu Santo.

Aunque el Espíritu Santo nos dé dones espirituales a los creyentes y derrame sobre nosotros los beneficios de la redención, a fin de cuentas ninguna de esas cosas va a satisfacer el anhelo de nuestro espíritu por Jesús mismo. Cuando nuestra hambre espiritual no queda satisfecha, tanto usted como yo experimentamos un frustrante aburrimiento y una santa inquietud. El Espíritu de Dios está tratando de mover a nuestro espíritu para que busque más de Dios.

5. La intimidad nos libera de la inseguridad y del temor a los demás.

La intimidad con Jesús trae al hombre interior una firmeza y un descanso más profundos. A medida que vamos relacionándonos con Él de una forma hondamente personal, vamos creciendo en el conocimiento de que Dios nos acepta y nos aprecia. Este conocimiento nos libera progresivamente de los sentimientos de inseguridad y del temor intimidante y paralizador a las opiniones o las acciones de los demás en contra nuestra.

Si nos centramos en Jesús, esto termina llevándonos a conocer su corazón y a sentirnos aceptados, lo cual es absolutamente vital. Aunque es importante que los seres humanos nos acepten, esto resulta tristemente inadecuado si no tenemos la aceptación de Dios. Lo que nos hace sentir valiosos y verdaderamente dignos es el conocimiento de que Dios nos ama, acepta y valora. Cuando nos sentimos seguros y confiados en el amor de Dios, crecemos hasta escapar de nuestros temores. Cuando sabemos que Él tiene en nosotros su complacencia, las críticas y las ofensas de los demás no nos afectan con tanta facilidad. La necesidad de "demostrarles" a los demás que somos valiosos deja de ser el impulso dominante dentro de nuestra constitución emocional. Todo lo que necesitamos es que Dios se complazca en nosotros y nos conceda su sonrisa de aprobación.

6. La intimidad sana las heridas internas del corazón.

Considero la consejería como parte del proceso de curación de las emociones. Como casi todo lo que Dios restaura en la Iglesia, se ha abusado de la consejería y de la sanidad interna y se han llevado en algunos casos hasta sus extremos. Pero eso no significa que se deban desechar estos instrumentos del ministerio. La cura para los abusos es el *uso correcto,* no el *desuso.* Sin embargo, para que el corazón herido de una persona pueda experimentar una salud y una curación verdaderas y perdurables, es necesario presentarle a esa persona al propio Sanador y exhortarla a crear una relación de intimidad con Él.

Hay muchas formas de herir al corazón humano. Casi a diario oímos otra trágica historia de maltratos sexuales, físicos, verbales o emocionales. La edad de las víctimas oscila desde los niños muy pequeños hasta los ancianos. La falta de humanidad del hombre para con el hombre parece desafiar todo límite. No obstante, cuando pienso acerca de este tema de la curación de las heridas internas del corazón, no puedo evitar que me venga a la mente mi hermano Pat. Pocos corazones humanos han recibido golpes más fuertes que los que sufrió el corazón de Pat después de convertirse en cuadriplégico a los diecisiete años. Ocho meses después, al morir nuestro padre, perdía a la persona que para él era la más valiosa del mundo.

Yo observé cómo Pat luchaba con un enemigo que podía ser peor que la parálisis o la muerte, y lo vi triunfar. Mi hermano se negó a permitir que la amargura lo venciera. Esto es lo que le puedo decir: Mi hermano es un campeón de la valentía.

Aún sigue paralizado desde el cuello. Pero en estos momentos, su espíritu ya no lleva la carga de la compasión por sí mismo, el odio o la amargura. Durante muchos años, Pat ha amado a Jesús con pasión. A lo largo de los años, ha sido un hombre de oración, ha llevado las cargas de otros y ha elevado sus necesidades hasta Dios. Al observar el ejemplo de mi hermano, me he convencido muchas, muchísimas veces, de que la relación íntima con Jesús puede sanar cualquier herida del corazón humano.

¿Cómo se sanan las heridas internas del corazón? Le tenemos que entregar todo a Dios, incluyendo nuestra amargura, nuestra compasión por nosotros mismos y nuestro afán de venganza. Debemos poner en el altar de Dios nuestra angustia, ira, vergüenza y orgullo—y también nuestras esperanzas, sueños y ambiciones—, junto con nuestros derechos personales y con el afán de tener dominio sobre nuestra propia vida. Nuestras tragedias, nuestro pasado, o lo que haya sucedido, deben dejar de ser el punto focal de nuestro corazón, para cederle ese lugar a Jesucristo. Sólo Él puede transformar la autocompasión en alabanza, o las lágrimas en victoria. La intimidad con Jesús sana las heridas internas del corazón. La vida de mi hermanos afirma esta realidad a diario.

7. *La intimidad es un medio eficaz de luchar en la guerra espiritual.*

El punto fuerte de la guerra espiritual es la pasión por Jesús. La estrategia del enemigo consiste en hacernos pasar de la ofensiva a la defensiva, cuando estamos tratando de alejar de nosotros la tentación y el pecado por medio del poder de nuestra propia voluntad y nuestra resolución. Al que él teme es al cristianismo a la ofensiva, que busca a la persona de Cristo y llena nuestra vida de propósito. Si Satanás nos logra separar de nuestra pasión y de nuestro propósito, entonces nos volvemos pasivos y carentes de objetivo; presas fáciles del pecado.

Veamos dos principios bíblicos que ilustran lo sabio que es mantener una postura ofensiva cuando nos enfrentamos al enemigo: El principio del crecimiento y la mengua, y el principio de la luz y las tinieblas.

EL PRINCIPIO DEL CRECIMIENTO Y LA MENGUA

"Es necesario que él crezca, pero que yo mengüe" (Juan 3:30). Es posible aplicar este principio fuera de su contexto original, en el cual Juan el Bautista estaba permitiendo que el ministerio de Jesús reemplazara al suyo. También se aplica a la forma en que crece cada uno de nosotros.

El crecimiento en nuestro conocimiento de Dios se produce antes de que mengüe nuestra esclavitud a las tinieblas. Ése es el orden dispuesto por Dios. Tratar de menguar en el pecado cuando Jesús no ha crecido primero en nosotros, es algo difícil y sin eficacia. Una vez que el conocimiento de la personalidad de Dios penetra nuestro espíritu humano, tiene un impacto santificante sobre nuestras emociones. Cuando Jesús se vuelve más real para nosotros, la consecuencia inevitable es el anhelo de entregarnos a Él y hacer que mengüen las cosas de nuestra vida que están obrando en contra de Él.

EL PRINCIPIO DE LA LUZ Y LAS TINIEBLAS

¡Los creyentes combaten las tinieblas espirituales que hay en su vida con la luz espiritual! Juan habla de Jesús en función de la luz: "En él estaba la vida, y la vida era la luz de los hombres" (Juan 1:4). A continuación dice: "La luz en las tinieblas resplandece, y las tinieblas no prevalecieron contra ella" (v. 5). Lo que hace huir del espíritu humano a las tinieblas, es la luz de la revelación de Jesucristo por medio de la Palabra de Dios. No hay tinieblas en la vida de un creyente sincero que tengan la fuerza necesaria para vencer a su luz.

El intento de sacar las tinieblas de nuestro corazón por nuestros propios medios es frustrante e inútil, pero cuando se nos revela la persona de Cristo y su luz nos entra en el corazón, las tinieblas huyen. Lo mismo sucede con la luz natural en una habitación, porque las tinieblas que hay en ella desaparecen cuando nosotros encendemos la luz. No podemos vaciar de tinieblas una habitación a fin de hacerle un lugar a la luz. Lo que hacemos es permitir que entre la luz, y las tinieblas quedan automáticamente vencidas. Nosotros nos agotamos tratando de prepararnos y de buscarle lugar a más luz, a base de centrarnos en tratar de echar fuera las tinieblas. En lugar de hacer esto, debemos atacar de manera indirecta las tinieblas que haya en nuestra vida, a base de centrarnos en la liberación de más luz.

A Satanás no lo asustan los gritos y los alardes de los creyentes que no tienen una relación íntima con Jesús. Él sabe que mientras las tinieblas dominen en muchos aspectos de su vida sin que nada las desafíe ni las venza, esos creyentes no son una verdadera amenaza para su reino. Al que Satanás le teme, es a Jesús. Si los creyentes no están llenos de la realidad y el conocimiento de Cristo, Satanás sabe que sólo es cuestión de tiempo hasta que se conviertan en víctimas, y no en vencedores.

A Satanás le preocupan los creyentes que no se dejan distraer de la pureza y la sencillez de la entrega a Jesús. Huye ante la espada del Espíritu cuando la empuñan hombres y mujeres que tienen una historia de fidelidad y obediencia por medio de su intimidad con Dios. Lo que le pone obstáculos son las oraciones de los

146

intercesores santos, que atraviesan las tinieblas, revelando y destruyendo sus fortalezas (2 Corintios 10:50.

Isaías afirma: "Ni nunca oyeron, ni oídos percibieron, ni ojo ha visto a Dios fuera de ti, que hiciese por el que en él espera" (Isaías 64:4). Por débiles, imperfectos e inmaduros que seamos, si nos dedicamos a buscar el rostro del Señor y a esperar en Él, y seguimos perseverando en oración, la poderosa mano de Dios se va a mover a nuestro favor. Dios realiza sus actos incluso como respuesta a unos seres humanos débiles que esperan en Él.

La intimidad es un medio efectivo de pelear la guerra espiritual, porque la pasión por Jesús, la pureza y la oración perseverante constituyen obstáculos para Satanás. El más débil e inmaduro de los creyentes, si tiene el corazón centrado en esa pasión santa, se va a convertir en una amenaza para el reino de Satanás.

UNA INVITACIÓN A LA INTIMIDAD

A medida que nos vamos centrando en la intimidad con Jesús, vamos a ser recompensados y enriquecidos con la liberación de estos siete beneficios sobrenaturales en nuestra vida. Revisémoslos una vez más.

1. La Palabra de Dios lavará nuestro espíritu para quitarle la contaminación.
2. La coraza de la fe y del amor afectará a nuestras emociones y de esta forma nuestra alma quedará fortalecida contra la tentación.
3. Nuestro hombre se sentirá motivado y fervoroso al liberarse un hambre y un celo divinos, cuando nuestro espíritu descubra el corazón ardiente de Jesús.
4. Quedará satisfecho el profundo clamor de nuestro espíritu por lograr una intimidad con Jesús.
5. Seremos liberados de la inseguridad y del temor a los demás.
6. Serán sanadas las heridas internas del corazón.
7. Estaremos preparados para la guerra espiritual.

Las posibilidades están claras: ¿Pasión, o pasividad? ¿Vencedor, o víctima? ¿Bendiciones, o esterilidad?

Usted y yo estamos invitados a buscar activamente a una persona, porque la intimidad no se produce de manera accidental. La intimidad aparece por medio del hambre y el anhelo de nuestro corazón y por medio de la siembra en el Espíritu. Cuando tengamos hambre y sed de Jesús, lo busquemos y pasemos momentos en su presencia, terminaremos por enamorarnos de Él.

CONTEMPLAR EL
TRONO DE DIOS

Me puedo imaginar: ese momento de la eternidad, dentro de miles de años terrestres, cuando uno de los santos redimidos se vuelva a otro y le diga: "¿Recuerdas aquellos días de la tierra, cuando teníamos que batallar contra la sensualidad, la ambición y el orgullo; cuando la lujuria de aquel mundo molestaba continuamente a nuestra alma?

"Sí, claro que lo recuerdo. Es difícil imaginarse cómo es posible que les permitiéramos a unos apetitos temporales como aquéllos que nos apartaran de Dios. Todos los que somos de la raza de Adán, desde la primera generación hasta la última, invertíamos y edificábamos nuestra vida alrededor de unos apetitos y placeres impíos que sólo duraban un instante."

"Mirándolo ahora, todo parece absurdo, ¿no es cierto? ¿Cómo se nos ocurría amar los placeres pasajeros de una era caída? ¿En qué estábamos pensando cuando invertíamos nuestras emociones en unas ansias vacías, vendiendo el alma por dinero y luchando continuamente por promovernos a nosotros mismos?

"Seamos realistas. El dios de aquel mundo realizó un buen trabajo, cegando a tantos de nosotros con respecto a lo realmente importante, y oscureciendo así las realidades eternas. El pecado siempre ha sido un sistema en bancarrota, y nosotros no teníamos el sentido común necesario para entenderlo. Sólo nos habría bastado con tomar la sabiduría y la verdad que se encuentran en el Libro del Señor, y allí habríamos visto la advertencia del Santo: 'El mundo pasa, y sus deseos; pero el que hace la voluntad de Dios permanece para siempre'" (1 Juan 2:17).

¿Le parece que la idea de que en el cielo se converse acerca de nuestra vida en la tierra es muy poco probable? No creo que sea demasiado sorprendente que oigamos muchos comentarios de este tipo en la eternidad.

Una de las razones por las que me encanta el Apocalipsis es que mantiene en una clara perspectiva nuestro tiempo y razón de ser aquí en la tierra. Despliega unos contrastes sorprendentes: el cielo y la tierra, el tiempo y la eternidad, la maldad y el bien, la ilusión y la realidad, las mentiras y la verdad, el reino de la luz y el reino de las tinieblas. La lectura del Apocalipsis sirve como poderoso recordatorio de que este mundo va a desaparecer. Nos hace centrarnos en el mundo que vendrá, y no en Wall Street. Nos recuerda que hay un trono eterno en los cielos. Nos revela la majestad y la eternidad de Aquél que se sienta en ese trono, y el indescriptible esplendor de la gloriosa persona que se halla sentada a su diestra. En Apocalipsis 1:3, hasta se les promete una bendición a cuantos lean el libro con el corazón abierto a las cosas que hay escritas en él, y se propongan tenerlas en cuenta.

LA CONTEMPLACIÓN DEL TRONO DE DIOS

En el pasado, cuando oraba me parecía que estaba orando al aire; que me dirigía a algún ser nebuloso situado mucho más allá del alcance de mis realidades. Tenía la sensación de estar desconectado, sin sentir en realidad que mi oración iba dirigida a una persona real.

Pero mi vida de oración se ha visto transformada y enriquecida por medio de una sencilla ayuda devocional que descubrí hace algunos años. Yo la llamo "contemplar el trono de Dios".

Juan describe la escena del cielo hacia el cual ascienden nuestras oraciones. Nos dice lo que sucede cuando levantamos la voz y decimos: "Padre, te amo". Pinta una imagen verbal del escenario al cual llegan nuestras solicitudes y peticiones. Es esta descripción del trono de Dios, del Señor Jesús, de los cuatro seres vivientes y de los veinticuatro ancianos la que cambió de manera significativa mi vida de oración.

Tozer dijo: "Debemos practicar el arte de la meditación larga y amorosa sobre la majestad de Dios";[1] es decir, una reverente meditación sobre el ser divino. Yo seguí su consejo y comencé a meditar en la majestad de Dios. Fue entonces cuando se me abrió el entendimiento al capítulo cuarto del Apocalipsis.

Para ayudarme en la meditación, estudié Apocalipsis 4 frase por frase, utilizando la propia Biblia como comentario. Sobre todo en los escritos de Daniel y de Ezequiel, hallé unas imágenes verbales similares que hicieron más intensa aún la escena descrita por Juan. (Vea Daniel 7:9-10, 13; Ezequiel 1; Mateo 19:28; 1 Reyes 22:19; Apocalipsis 5; 15:2; 20:4; Filipenses 2:5-110. A medida que continuaba mi estudio, la persona de Dios, el salón del reino celestial y lo que sucede allí cuando nosotros cantamos, adoramos y cantamos alabanzas a Dios, se me fueron haciendo cada vez más reales.

No se trata de ninguna falsa técnica de visualización al estilo de la Nueva Era. Cuando me imagino la imponente escena que describe Juan en el capítulo cuarto del Apocalipsis, esto me ayuda a disfrutar de una santa comunión con Jesús. En lugar de "orar al aire", centro con frecuencia mis pensamientos en esa majestuosa y amante persona que está sentada en su trono, y le hablo al corazón.

En Apocalipsis 4:1, Juan dice: "Después de esto miré, y he aquí una puerta abierta en el cielo". En una visión, el anciano apóstol pudo contemplar directamente el corazón mismo del salón del trono celestial. Lea este prodigioso relato hecho por un testigo presencial:

> Y al instante yo estaba en el Espíritu; y he aquí, un trono establecido en el cielo, y en el trono, uno sentado. Y el aspecto del que estaba sentado era semejante a piedra de jaspe y de cornalina; y había alrededor del trono un arco iris, semejante en aspecto a la esmeralda. Y alrededor del trono

había veinticuatro tronos; y vi sentados en los tronos a veinticuatro ancianos, vestidos de ropas blancas, con coronas de oro en sus cabezas. Y del trono salían relámpagos y truenos y voces; y delante del trono ardían siete lámparas de fuego, las cuales son los siete espíritus de Dios. Y delante del trono había como un mar de vidrio semejante al cristal; y junto al trono, y alrededor del trono, cuatro seres vivientes llenos de ojos delante y detrás... Y los cuatro seres vivientes tenían cada uno seis alas, y alrededor y por dentro estaban llenos de ojos; y no cesaban día y noche de decir: Santo, santo, santo es el Señor Dios Todopoderoso, el que era, el que es, y el que ha de venir.

—APOCALIPSIS 4:2-6, 8

Todo esto es una descripción del trono de la gracia (Hebreos 4:16). No es un trono de legalismo ni de religión. Dios ha invitado a todos los suyos a comparecer ante este trono para recibir misericordia y hallar la gracia que los ayude en sus tiempos de necesidad. Pero es mucho más que esto.

Este trono es una realidad eterna. No se trata de que se vaya a volver real cuando nosotros lleguemos al cielo y lo veamos por vez primera; es real ahora ya. No existe porque nosotros estemos necesitados, puesto que ha existido desde la eternidad pasada. Fue afirmado en la eternidad antes de que fueran creados los cielos y la tierra.

La obra terminada por Jesucristo en la cruz ha hecho posible que los seres humanos débiles y quebrantados nos podamos acercar con libertad a este trono, sin temer condenación alguna.

Dios Padre resucitó a Cristo de entre los muertos, lo sentó a su diestra en los lugares celestiales, puso todas las cosas en sujeción bajo sus pies y se lo dio como Cabeza sobre todas las cosas a la Iglesia, la cual es su cuerpo (Efesios 1:20-23). El Señor Jesús puede salvar para siempre a aquéllos que se acerquen a Dios a través de Él, puesto que vive para siempre, y para hacer intercesión por ellos (Hebreos 7:25).

El Espíritu de Dios está llamando constantemente a los santos de la tierra para que vivan ante el trono. Un día, arrojaremos gozosos nuestras coronas ante ese trono. Esas coronas representan nuestros logros espirituales mientras caminábamos ante el Señor en obediencia y cooperábamos con la bondadosa obra del Espíritu Santo en nuestra vida (Apocalipsis 4:10). Pero primero necesitamos aprender a arrojar nuestros corazones ante él en entrega y pasión por el Hijo de Dios.

Hallarle sentido a nuestra vida

Ese trono, lleno de la gracia de Dios, es el lugar más maravilloso de todos cuantos existen. Es el fundamento de todo el orden creado. Es el centro de todo. Es la razón de ser detrás de todo, porque Aquél que creó todas las cosas se sienta en el trono, y todas las cosas existen para su complacencia (Apocalipsis 4:11).

Cuando comparezcamos ante Él en el trono del juicio, lo que Él esté pensando de nosotros va a ser lo único que va a contar. Una vez que comprendí que la única cosa de importancia para mi vida es que lo importante es lo que piensa Dios, entonces pude comprender mejor el sentido de mi propia vida.

Nuestra vida sólo tiene sentido cuando la comprendemos con respecto a la obediencia a Cristo Jesús, quien está sentado a la diestra del Padre. Si dejamos de centrarnos en Él, perdemos nuestra conexión con la realidad, la razón de ser y el orden. Si perdemos nuestra visión del trono de Dios como el centro de todo aquello para lo cual vivimos, perdemos nuestro equilibrio y nuestra estabilidad. Perdemos la razón por la cual podemos soportar los momentos difíciles. Perdemos nuestra motivación para bendecir a nuestros enemigos. Perdemos la verdadera razón por la cual Dios nos da cosas buenas.

Cuando perdemos conciencia de que Dios nuestro Padre está en ese trono, con Jesús sentado a su mano derecha, entonces nuestros problemas se vuelven insuperables en nuestro pensamiento. El desespero puede resultar increíble. Olvidamos que todo lo demás pasa, y que nada tiene significado, importancia y sentido alguno, fuera de la realidad de la persona que se halla en ese trono. Todo lo demás es temporal, menos las cosas que le agradan a Él.

LA FAMILIA DE DIOS

Observe de qué manera se dirigen a Dios los ángeles y los veinticuatro ancianos. Lo llaman "el Señor Dios Todopoderoso, el que era, el que es, y el que ha de venir" (Apocalipsis 4:8); "El que está sentado en el trono" y "el que vive por los siglos de los siglos" (Apocalipsis 5:13-14).

En cambio, Jesús nos enseñó a llamarlo "Padre": "Vosotros, pues, oraréis así: Padre nuestro..." (Mateo 6:9).

Más tarde, Pablo nos recordará que hemos recibido un espíritu de adopción como hijos, por el cual clamamos "Abba, Padre" (Romanos 8:15).

La hueste angelical no lo llama "Padre nuestro". Sólo Jesús y los creyentes nacidos de nuevo—los hijos e hijas adoptivos de Dios, que han entrado en esa bendita relación de Padre a hijo con Dios, apoyados sólo en la filiación de Cristo—, tenemos el privilegio de llamarlo "Abba, Padre", lo cual se podría traducir como "papá, papá".

UNA COMUNIDAD QUE ADORA

Jesús nos dijo que orásemos para que se hiciera la voluntad de Dios en la tierra, como se hace en el cielo (Mateo 6:10). La comunidad de Dios en la tierra—la Iglesia, la familia del Padre—está unida a una comunidad mayor que ya está en el cielo. La comunidad de Dios en la tierra debe vivir como vive la comunidad de Dios en el cielo.

La comunidad de Dios en el cielo está llena de adoración por Él. Sus miembros reconocen y contemplan la grandeza, la belleza, el encanto y el esplendor de Jesús en su trono. Aman profundamente al Hijo de Dios. Lo contemplan en el trono de la gracia. La Iglesia en la tierra también debe ser una comunidad apasionada y adoradora que existe para entregarse por completo al Hijo de Dios. El propósito, tanto de la comunidad de Dios en el cielo, como de su comunidad en la tierra, comienza y termina en la adoración alrededor del trono.

Es una triste realidad el que tantos cristianos se acerquen tan pocas veces al trono. Eso no significa que estos creyentes sean unos fracasados espirituales. Tampoco significa que no tengan interés en Dios, o le sean indiferentes. Muchos creyentes sinceros añoran una relación más satisfactoria con Dios, y están ansiosos por experimentar su presencia. Lo que sí significa que la gracia de Dios que viene del trono no está enriqueciendo su vida. En lugar de vivir en contacto con Aquél maravilloso que está sentado en el trono, son muchos los miembros del cuerpo de Cristo que están descuidando y pasando por alto este sagrado privilegio.

Hay creyentes que se centran en el trono de Dios para contemplar su gloria y majestad durante unos pocos minutos en el momento de adoración que tienen en el culto del domingo por la mañana. Pero muchos cristianos no están conscientes de que Dios anhela que nosotros experimentemos lo que es adorar ante su trono ya ahora, antes de llegar al cielo. La consecuencia de esto es que la Iglesia de hoy lleva sobre sí dolorosas heridas y feas cicatrices que son resultado de nuestra ignorancia y negligencia.

La comunidad creyente no funciona como es debido cuando no nos interesamos por tocar el corazón de Dios y perdemos así nuestra comunión íntima con Él.

Si yo estoy disfrutando del Señor, puedo sentir que otras personas me tratan mal, sin que me moleste. Pero si no estoy disfrutando de la intimidad de su presencia, es más fácil que me irrite. Cuando esto sucede, me aparto a un lugar tranquilo durante unas cuantas horas y me sumerjo en obras clásicas como las de Tozer, los escritos de los puritanos, o incluso el Cantar de los Cantares. Esa práctica es como una medicina que me refresca y me hace feliz. Lo que me había estado molestando deja de ser una carga.

Sin tener a la persona del Señor Jesús como foco central; sin disfrutar del Señor y tener un corazón tierno, la Iglesia no puede funcionar como una comunidad dinámica donde se sirven unos a otros en una profunda comunión. Cuando los creyentes tratan de acercarse unos a otros sin acercarse al mismo tiempo a Jesús, lo que se produce es contiendas y divisiones. La única forma en que puede funcionar la comunidad de Dios en la tierra según aquello para lo que fue pensada, es que Cristo sea su centro. Sin embargo, si usted y yo perdemos ese enfoque, nuestro quebrantamiento puede ser sanado si estamos dispuestos a acudir en oración al trono de la gracia de Dios y echar nuestro corazón delante de Él.

En su visión, el apóstol Juan describe que cuatro seres vivientes y veinticuatro ancianos se postran ante el Señor Jesús, el Cordero de Dios: "Todos tenían arpas, y copas de oro llenas de incienso, que son las oraciones de los santos" (Apocalipsis 5:8). Pienso que las arpas se refieren de manera simbólica a nuestra adoración, y el incienso fragante se refiere a nuestras oraciones, que ascienden ante el trono de Dios en medio de un incontable número de ángeles.

Describe también a los creyentes en adoración, de pie sobre el mar de cristal mezclado con fuego (Apocalipsis 15:2). Nosotros le hablamos a Dios al corazón, mientras Él nos oye gozoso desde su trono.

Comencé a darme cuenta de que, cuando oramos, Dios no quiere que hablemos a la ligera y de manera despreocupada al aire, como si no le habláramos a nadie. Quiere que le hablemos a Él al corazón. Por tanto, cuando oraba, le hablaba a una persona gloriosa y real, para ofrecerle mi alabanza, mi adoración, mis oraciones y mi persona directamente a Él. Me imaginaba que estaba en ese mar de cristal lleno de fuego y miraba al trono rodeado por un arco iris. Cuando lo hacía, mis pensamientos y sentimientos cambiaban.

Mis problemas no desaparecieron repentinamente, pero la forma en que pensaba y sentía con respecto a ellos dio paso a una perspectiva más correcta y equilibrada. Descubrí que al fin y al cabo, el autor de la canción tenía razón: Es cierto que lo terrenal sin valor será a la luz del glorioso Jesús.[2]

En las dos décadas que han pasado desde aquel tiempo, he continuado con esta práctica de contemplar el trono y tener comunión íntima con una persona maravillosa, infinitamente encantadora y bondadosa.

Puesto que estamos sentados en lugares celestiales con Cristo (Efesios 2:6), aprender a hablarle directamente al corazón a una persona gloriosa y real, sentada en su trono de los cielos, es una de las dinámicas esenciales de la oración devocional inspiradora.

Con el deseo de ayudar a otros a crecer en su vida de oración, he estado enseñando y dirigiendo reuniones de oración constantemente durante más de quince años. Durante diez años, dirigí casi a diario reuniones de oración en nuestra iglesia, y durante casi cinco de esos años, lo hice tres veces al día: mañana, tarde y noche.

En estas reuniones, algunas veces doy un breve mensaje de instrucción y les presento un modelo de oración a los asistentes. Después pueden orar varias personas de mi equipo de líderes, siguiendo el modelo que acabo de enseñar.

A cada reunión asisten un promedio de veinte a treinta personas diferentes. De hecho, exhorto a todos en la iglesia a asistir por lo menos una vez a la semana.

En los últimos cuatro años, cuando he estado en la ciudad he dirigido aún tres reuniones de oración diarias varias veces por semana. Y cuando estoy de viaje, enseño sobre la oración devocional personal y la oración intercesora corporativa para pedir avivamiento.

Esta insistencia en la oración es algo que el Señor nos ha ordenado como iglesia. Sin embargo, a causa de esto, nos hemos ido quedando deficientes en otros ministerios. En estos momentos estamos destacando los grupos pequeños de cuidado pastoral y evangelismo, y estamos observando una disminución en la asistencia a las reuniones de oración. Y está bien que así sea. Cuando se produce un aumento en un aspecto, es inevitable que haya una disminución en otro.

Muchas personas me han dicho a lo largo de los años que, al retarlos a conocer la personalidad de Dios y a tener un corazón ardiente hacia Él, en su corazón se ha despertado la pasión. Han quedado impactadas incluso las personas de corazón más embotado.

Oro siempre para que cada vez sean más los pastores que prediquen este mensaje, y para que haya más miembros del cuerpo de Cristo que se abran a él.

Durante los últimos cuarenta años, he abierto deliberadamente el corazón a base de escuchar cintas grabadas y leer libros de personas que insisten en este mensaje. Hace años ya, un predicador me animó en una cinta grabada a leer *The Life of David Brainerd* ["La vida de David Brainerd"], por Jonathan Edwards. El autor fue un famoso teólogo que vivió en esta nación en el siglo XVIII.

Brainerd fue misionero entre los indios norteamericanos en la década de 1740. Este libro se convirtió en el que más ha influido sobre mí de todos cuantos he leído, con excepción de la Biblia.

Los libros sobre los atributos y la personalidad de Dios, como los de A. W. Tozer, A. W. Pink y J. I. Packer, las obras de Jonathan Edwards y los clásicos devocionales de los puritanos pueden ayudar a despertar la pasión en su corazón.

El salón del trono celestial

Estamos sentados en lugares celestiales con Cristo (Efesios 2:6). ¿Se imagina cómo será eso de estar en el salón del trono celestial adorando e intercediendo? Algunas veces susurro: "Cuánto te amo, Señor. Permíteme contemplar tu glorioso trono." Entonces, sin decir una palabra, contemplo la prodigiosa escena que nos han descrito el apóstol Juan y otros hombres santos de la antigüedad.

Contemple junto conmigo la asombrosa mirada que la Palabra de Dios nos permite dar a este mundo invisible que gobierna a nuestro mundo visible. Imagínese un poderoso trono en el cielo, rodeado por llamas. Sentado en él, una persona indescriptiblemente gloriosa con el cabello como la lana pura y las vestiduras tan blancas como la nieve. Su aspecto es como el resplandeciente y deslumbrante brillo verde claro del jaspe y rojo fuego de la cornalina. Imagínese un brillante arco que parece un arco iris de esmeralda, y que circunda todo el trono. Este resplandor que lo rodea a Él, como el aspecto que tiene un arco iris en las nubes, es el aspecto que tiene la gloria de Dios.

Observe los relámpagos y escuche el retumbar y el estruendo de los truenos que salen del trono. Contemple asombrado el río de fuego que corre delante de Él. Imagínese ahora veinticuatro tronos más pequeños que rodean al gran trono a la derecha y a la izquierda, y veinticuatro ancianos vestidos de blanco, con coronas de oro y sentados en esos tronos.

Frente al trono de Aquél que vive para siempre por toda la eternidad, imagínese las llamas de siete antorchas encendidas—el Espíritu séptuplo de Dios—reflejadas en un inmenso mar de vidrio transparente como el cristal, y mezclado con fuego. Este transparente mar de vidrio refleja en toda su deslumbrante y maravillosa extensión la escena entera, creando otra imagen como si fuera un espejo.

En Daniel 7:9-10 se describe un río de fuego que corre desde su trono, es de suponer que para adentrarse en el mar de vidrio mezclado con fuego (Apocalipsis 15:2). Imagínese cuatro seres vivientes con seis alas cada uno, que vuelan alrededor del ardiente trono. Están llenos de ojos por delante y por detrás, lo cual simboliza la inteligencia sobre lo que se halla delante y detrás de ellos. Escúchelos proclamar apasionadamente día y noche, sin cesar: "Santo, santo, santo es el Señor Dios Todopoderoso, el que era, el que es, y el que ha de venir" (Apocalipsis 4:8).

¡Música! ¿No escucha la música? Deje que su alma absorba cada nota, mientras los veinticuatro ancianos tocan sus arpas y cantan un glorioso cántico de adoración a Jesús, el Cordero de Dios. Escuche el poderoso retumbo de la alabanza que asciende de un incontable número de ángeles que rodean el trono por todas partes, mientras claman juntos, exaltando al Cordero que fue sacrificado por nosotros.

¡Mire! ¿Lo ve? Allí está Jesús, a la diestra de su Padre. Su encanto y su esplendor van más allá de toda descripción posible. Le está dando a usted la bienvenida al trono de la gracia, sonriendo y animándolo a acercarse. La poderosa multitud de ángeles se va abriendo para dejarlo pasar, porque ellos se hacen delicadamente a un lado cuando ven que se acerca un hijo de Dios.

Apocalipsis 15:2 describe el lugar donde estamos en el mar de vidrio mezclado con fuego. Aquí permanecemos de pie, mientras le hablamos al corazón.

Ésa es la escena a la cual yo entro para presentar con devoción mis oraciones. Y usted también puede introducir esa escena en su propia vida.

A medida que acudamos a ella día tras día y año tras año, nuestra mente se irá enriqueciendo; nuestro espíritu adquirirá un nuevo vigor y nuestra mente se renovará. Seremos purificados de las contaminaciones de la tierra, y nuestra alma será restaurada. Las cosas temporales y estériles de la tierra van a perder su dominio sobre nosotros, a medida que las vayamos viendo desde la perspectiva de ese mundo invisible y eterno. Y en el transcurso del tiempo, seremos cambiados—transformados—de gloria en gloria.

LA RESPUESTA QUÍNTUPLE

Juan describe cinco acciones concretas que llevan a cabo los cuatro seres vivientes y los veinticuatro ancianos como reacción ante la persona que está sentada en el trono:

> Y siempre que aquellos seres vivientes dan gloria y honra y acción de gracias al que está sentado en el trono, al que vive por los siglos de los siglos, los veinticuatro ancianos se postran delante del que está sentado en el trono, y adoran al que vive por los siglos de los siglos, y echan sus coronas delante del trono, diciendo: Señor, digno eres de recibir la gloria y la honra y el poder; porque tú creaste todas las cosas, y por tu voluntad existen y fueron creadas.
>
> —APOCALIPSIS 4:9-11

Observe la maravillosa actividad que se está produciendo alrededor del trono de Dios. Los cuatro seres vivientes le están dando gloria, honra y acción de gracias. Los veinticuatro ancianos le están rindiendo adoración y arrojando ante Él sus coronas.

No pretendo haber captado la definición completa de ninguna de estas palabras y frases. Sin embargo, creo que necesitamos tomarnos un tiempo para meditar en las cinco respuestas que les brotan del corazón a los seres vivientes y los ancianos mientras adoran a Dios ante su trono. Reflexionemos sobre las consecuencias que tiene hoy cada una de estas cinco respuestas para usted y para mí como creyentes.

1. Darle gloria a Dios

En primer lugar, los cuatro seres vivientes le están dando gloria a Dios continuamente. ¿Qué significa "darle gloria a Dios"? ¿Cómo le podemos dar gloria usted y yo? Pablo dijo que "nos gloriamos en Cristo Jesús"; nos gozamos y deleitamos en la gloriosa persona de Jesús (Filipenses 3:3). Cuando le damos a Dios la gloria, expresamos una apasionada adoración; un santo afecto lleno del anhelo de Dios.

Pienso que el Señor me está mostrando que le va a dar un don a la Iglesia, tanto en los Estados Unidos como en el extranjero. Lo veo suceder en libros, seminarios y conferencias de dirigentes en todo el mundo.

En los próximos años, va a levantar líderes que conozcan su personalidad porque lo han experimentado en su propia vida. Van a surgir hombres y mujeres llenos de una exorbitante ternura hacia Jesús, que van a ocupar posiciones de liderazgo. Como Pablo, ellos también "se gloriarán en Cristo Jesús". Van a proclamar la Palabra de Dios y conducir a otros creyentes a un apasionado afecto por el Hijo de Dios. Una Iglesia llena de un santo amor hacia Dios es la que le va a dar la gloria.

2. Darle honra a Dios

Habiendo conocido a Dios, no le glorificaron como a Dios.
—ROMANOS 1:21

¿Qué quiere decir que le demos honra a Dios? Le damos honra con nuestra reverencia y nuestra alabanza. También lo honramos por medio de una vida de obediencia radical que apoya nuestro anhelo de glorificarlo con un corazón lleno de santo amor. Esto significa dejar de lado nuestra propia agenda personal para obedecerlo a Él con todo el corazón. Haciendo lo que Él dice es como demostramos nuestra humilde entrega, nuestro respeto y el valor incalculable que le damos. Tal como dijo el propio Jesús, cuando lo amamos, tratamos de obedecerlo en todo (Juan 14:15).

3. Darle gracias a Dios

La acción de gracias brota del reconocimiento de que todos nuestros beneficios proceden de la bondad de Dios y de su compromiso con nosotros, y no de nuestra bondad o nuestro compromiso con Él. No somos nosotros los que hemos motivado a Dios para que nos ame; es Él quien nos ha motivado a nosotros para que lo amemos.

El creyente que tiene discernimiento reconoce que Dios es la fuente de todas sus bendiciones, y no su propia entrega y discernimiento. La acción de gracias se afirma en nuestro corazón a medida que nos damos cuenta de que todos los beneficios de los que disfrutamos en el tiempo y en la eternidad proceden de Él, y no de nosotros.

Ver quién es Él y lo que soportó y realizó para nosotros en la cruz es lo que nos inspira a darle gracias. Cristo Jesús fue quien pagó el precio.

4. Rendirle adoración a Dios

Durante demasiado tiempo hemos tenido la imagen de un Dios distante que sólo de vez en cuando es bueno con nosotros. Pero al reconocer su soberanía, majestad, excelencias divinas y perfecciones, quedaremos totalmente prendados de la belleza y el esplendor de su personalidad. Al ver lo incomparablemente valioso que es Dios en relación con todo lo demás, de nuestro corazón brota y se desborda la adoración.

5. Echar nuestras coronas delante del Señor

El punto más elevado de la reacción de estos veinticuatro ancianos en su adoración consistió en quitarse sus coronas de oro y, sin titubeos, lanzarlas delante del trono de Dios. Pienso que las coronas del cielo simbolizan la recompensa eterna de los creyentes como consecuencia de sus logros personales por medio de la gracia de Dios.

Cuando usted y yo comparezcamos ante el trono de juicio de Cristo, y sean evaluadas nuestra vida y obras en la tierra, todo lo que fue iniciativa y esfuerzo del hombre, todo lo que fue impuro, carente de valor y terrenal—madera, heno, hojarasca,—va a ser quemado (1 Corintios 3:11-15). Sólo aquello nacido de una motivación pura va a tener un valor eterno. El oro, la plata y las piedras preciosas, que representan todo lo que fue iniciativa del Espíritu y sostenido por Él en nuestra vida, va a soportar el fuego y pasar por él sin ser destruido. Cuantos tesoros y coronas recibamos en el cielo van a representar todo lo que somos y todo lo que hemos logrado mientras cooperábamos con la misericordiosa obra del

Espíritu Santo en nuestra vida. Las coronas fueron forjadas en los fuegos costosos y a veces dolorosos de la obediencia, y son nuestras para siempre. Sin titubear, nosotros también, en un exorbitante abandono, las lanzaremos a los pies del Señor.

Nunca debemos permitir que nuestros logros se conviertan en nuestros ídolos. Esto es lo que Pablo les recordaba a los corintios: "Porque ¿quién te distingue? ¿o qué tienes que no hayas recibido? Y si lo recibiste, ¿por qué te glorías como si no lo hubieras recibido?" (1 Corintios 4:7). Sin Dios, ni seríamos nada, ni podríamos lograr nada.

Luke y Paul, mis dos hijos pequeños, me proporcionaron un "sermón ilustrado" con respecto a esto. Cuando Luke tenía unos seis años, y Paul tenía cerca de cuatro, se me acercaron para decirme: "Papá, no tenemos dinero y pronto va a ser tu cumpleaños". Así que yo registré en mi billetera y les di un billete de cinco dólares. ¡Entonces, lo pensé mejor y les di otro de veinte en lugar del de cinco).

Mis hijos tomaron el dinero que yo les di y salieron a comprarme un regalo. Volvieron y me entregaron un paquete con un hermoso envoltorio, dando por sentado en su inocencia que se trataba de una sorpresa total para mí. Aquellos dos pequeñuelos estaban tan emocionados, que apenas pudieron esperar a que yo rompiera la cinta y el papel de regalo para abrir la caja.

Cuando sacaba la hermosa camisa que ellos habían escogido, expresando entre exclamaciones lo mucho que me gustaba, vi que los ojos les brillaban de satisfacción y de gozo. "¡Nosotros te la compramos, papá!", dijeron a dúo. "¿Puedes creerlo?" Aunque yo era quien les había dado el dinero para que me compraran el regalo, mientras veía el brillo de sus ojos, mi corazón se inundó como el suyo de un gozo y una satisfacción inmensos. Fue un intercambio tierno y maravilloso.

Así van a ser las cosas cuando comparezcamos ante nuestro Padre celestial. No van a ser "nuestro" ministerio ni "nuestros" éxitos los que nos den derecho a la corona que vamos a lanzar en exorbitante abandono ante sus pies. Esa corona no va a tener nada que ver con "nuestra" lista de correspondencia, ni con "nuestra" prominencia. Si nuestro Dios, no habríamos podido tener nada. A pesar de esto, el corazón de nuestro Padre, al igual que el nuestro, se va a henchir de deleite cuando nos quitemos la corona y se la presentemos a Él.

LA CONTEMPLACIÓN DEL TRONO

¿Vaga su mente sin cesar cada vez que ora? ¿No se puede concentrar cuando trata de tener comunión con Jesús? Yo sé lo que es eso. Algunas veces, a mí también me parece que en mis momentos de oración carezco de inspiración. Sin embargo, al transcurrir los años, nuestra vida se irá enriqueciendo de manera incalculable si somos fieles a esa cita con Dios.

13

....

UNA PÁLIDA
CONTEMPLACIÓN
DE LA GLORIA

Durante mis tiempos de estudiante en el colegio universitario, intenté con todas mis fuerzas hallar el secreto de una vida de oración victoriosa, pero nunca lo pude encontrar. Aunque leía una gran cantidad de libros serios sobre la oración, la vida más profunda y la comunión con Dios, cuando se trataba de orar de verdad, era un perfecto fracaso. Sí, había programado cuidadosamente el tiempo que iba a pasar a solas con Dios, y la mayor parte de las veces era fiel a mis citas con Él. Sin embargo, mis esfuerzos por orar eran frustrantes y nada satisfactorios.

Después de meses de dura faena y de fracasos en cuanto a orar, dar testimonio y ayunar, le dije a Dios: "Señor, te amo de verdad, pero no me gusta orar. No me gusta dar testimonio. Y detesto por completo el ayuno. Y tampoco me gusta estudiar la Biblia, aunque me sea más fácil que orar o ayunar. Aparte de todo eso, sé que te amo de verdad, Señor, pero también sé que no me está yendo muy bien."

Recuerdo la condenación y la confusión tan terribles que sentía, porque estaba fracasando en los cuatro Apuntos grandes" de las disciplinas piadosas. Sin embargo, sí disfrutaba de las reuniones de estudio bíblico. Me deleitaba cantando los hermosos cánticos de alabanza y adoración. Y me podía exceder cuando se trataba de escuchar una buena enseñanza bíblica grabada. Pero aún recuerdo lo derrotado que me sentía mientras meneaba la cabeza y suspiraba, diciendo: "Señor... *¿alguna vez* me llegará a gustar tener una conversación contigo?"

Estaba viviendo con otros tres jóvenes cristianos en un apartamento del colegio universitario. Todos trabajábamos juntos en un ministerio dentro del recinto del colegio. Todas las noches, alrededor de las nueve menos cuarto, mis compañeros de cuarto veían cómo me ponía tenso, porque le temía a mi momento de oración, que era de nueve a diez de la noche. Detestaba irme al cuarto a orar. Sabía que la hora siguiente iba a ser horrible, sin vida y aburrida. Pero cada noche a las nueve, allí estaba, de rodillas. Dos minutos más tarde, estaba diciendo algo como esto en mi oración:

"Señor, gracias por mis brazos y mis pies. Gracias porque tengo comida. Hay gente en los países pobres que no tiene mucho que comer; ayúdalos, Jesús. Gracias por mi mamá y por Pat. Gracias por mis cinco hermanas, tan maravillosas. Gracias por "aah... sí... gracias por dejarme pertenecer al equipo de fútbol del colegio. Ayúdame a jugar mejor. Ayúdanos a ganar. "aah.. Vaya, todavía me quedan cincuenta y tres minutos más. ¡Bien, vamos a ver... hem... gracias por los Estados Unidos." ¡Estupendo, Mike! ¡Ésa sí que es buena! ¡Tenía que seguirme dando ánimo y hablando conmigo mismo para permanecer en mi oración).

Algunas veces oía a un par de amigos en el cuarto de al lado, riéndose de mi temible rutina. De vez en cuando, metían la cabeza en mi cuarto y me decían: "Pero hombre, ¿porque no te calmas un poco?" Entonces respiraba hondo, enderezaba los hombres como si estuviera a punto de medirme con algún gigante, y mascullaba: "¡Esto lo voy a hacer, aunque me mate!"

Pero lo estaba haciendo mal. Había comprendido la razón de ser de la oración devocional de una manera totalmente equivocada. La consecuencia era que temía mis momentos de oración. Pero le había hecho a Dios el voto de que iba a orar una hora todas las noches, y estaba decidido a cumplirlo, pasara lo que pasara.

Como en un espejo

Una noche estaba orando en mi cuarto, como de costumbre, y se me habían terminado por completo las cosas que podía decir. Entonces, abrí mi Biblia, en busca de inspiración. Mientras la leía, fue como si se hubiera encendido una luz dentro de mí.

> Por tanto, nosotros todos, mirando a cara descubierta como en un espejo la gloria del Señor, somos transformados de gloria en gloria en la misma imagen, como por el Espíritu del Señor.
> —2 Corintios 3:18

De repente, mi mente echó a andar. Hem... como en un *espejo*... Estoy contemplando la gloria de Dios como en un espejo. ¿Qué es un espejo? Pues un espejo es un objeto que produce una reflexión perfecta. Espera un momento. Los espejos como los que tenemos *hoy* son los que reflejan una imagen perfecta. Pero hace dos mil años, cuando escribió Pablo, los espejos de aquellos tiempos ni siquiera se acercaban a esa imagen reflejada perfecta: "Ahora vemos por espejo, oscuramente..." (1 Corintios 13:12).

¡Oscuramente! Los espejos antiguos estaban hechos de metal pulido, y producían una imagen reflejada que era imprecisa, inadecuada y muy oscura. Era como si el Señor me dijera: "Nunca te he pedido más que contemplarme oscuramente".

La idea de que incluso contemplarlo oscuramente era suficiente para transformar la vida de un creyente, era algo nuevo por completo para mí. ¿Acaso sería que la oración sin inspiración bastaba para cumplir con las condiciones de Dios en cuanto a una transformación interior? Hasta el momento, había pensado que todas aquellas horas de agonía que había pasado orando en mi cuarto eran desperdiciadas y sin sentido, porque no me habían parecido inspiradas, activadas y llenas de vigor y vida divinos. Había creído que los únicos momentos de oración que me podían llevar a una transformación interna eran aquéllos en los cuales me conmovía hasta las lágrimas por la presencia de Dios.

De repente, recordé todas aquellas oraciones aparentemente sin inspiración ni unción. Ésas del estilo "Señor, ¿dónde estás?". Me pude imaginar que el Señor me decía: "Sí, es cierto: aquellas oraciones eran oscuras. Pero aun así, los momentos que pasabas conmigo eran transformadores, porque nunca te he pedido otra cosa más que contemplarme oscuramente."

Contemplarlo oscuramente... como en un espejo, oscuramente... "Bueno, eso sí lo puedo hacer", le dije al Señor. "Te puedo contemplar oscuramente. Por supuesto que sí. ¡Soy un *experto* en contemplarte oscuramente! Ése ha sido mi problema."

Estaba comenzando a comprender la verdad. ¡Hasta la oración que parece carente de unción y de inspiración es importante para Dios! "Esto es fantástico", grité. "¡Esto sí que lo puedo hacer! Es un proceso progresivo. Si sigo orando, hasta esos momentos de oración difíciles y oscuros a los que estoy tan acostumbrado, un día de estos van a cambiar. ¡Soy transformado lentamente de gloria en gloria!"

Salí corriendo del cuarto donde estaba orando, e hice una proclamación ante mis asombrados compañeros. "Muchachos, adivinen. ¡La oración sin unción es importante!"

"¿Qué dices?"

"¡Que la oración sin unción es importante! ¡Que funciona! Que no importa que no sea ungida. Ni tampoco que sea inspirada. La vida devocional oscura y sin inspiración es importante para Dios!

Aquello se convirtió en mi mensaje principal dondequiera que iba. Algunos de mis amigos del colegio universitario se limitaban a encogerse de hombros y decir: "¡Bickle anda diciendo algo raro acerca de la oración sin unción!"

En realidad, no creo que llegaran a comprender lo que yo les estaba tratando de decir. Tal vez yo no se lo expliqué muy bien. Pero no importaba. Mi corazón había captado unas liberadoras palabras de esperanza que Dios me había dirigido. Sabía que si perseveraba en la oración—aunque fuera una oración en medio de la oscuridad—, no había duda alguna: ¡Sería transformado gradualmente!

A CARA DESCUBIERTA

A medida que he seguido buscando al Señor, he descubierto por lo menos dos elementos clave en las palabras "Por tanto, nosotros todos, mirando a cara descubierta como en un espejo" (2 Corintios 3:18). En los tiempos del Antiguo Testamento, el hecho de cubrirse el rostro con un velo era una forma de simbolizar el gran abismo que había entre la persona y Dios, y la necesidad de un mediador. Pero Dios nos ha invitado a acercarnos osadamente—sin temor, seguros, valientemente—a su trono de gracia (Hebreos 4:16). Podemos comparecer ante Dios con una seguridad y una tranquilidad absolutas, sabiendo que su corazón se siente cautivado por completo con nosotros. Nos podemos acercar con osadía, sin sensación de fracaso, condenación ni acusación. Cristo nos compró, y la justicia que nos ha dado nos ha hecho limpios y seguros delante de la presencia de Dios.

El primer elemento a la hora de acercarse a Dios con el rostro descubierto, se refiere a acercarse con una valentía y una seguridad que tienen sus raíces en la comprensión de la obra que fue terminada en la cruz. No aceptamos condenación alguna, porque Jesús tomó nuestro lugar en el juicio de Dios.

El segundo elemento, dentro de estas palabras, "a cara descubierta", se refiere a la sinceridad del corazón. No hay engaño. No hay fachadas falsas ni palabrería religiosa. No hay coartadas ni excusas. Le podemos abrir el corazón al Señor y hablarle con toda claridad de nuestros fracasos, nuestras heridas, desilusiones, temores y frustraciones.

Cuando uno de mis hijos ha hecho algo indebido, y me está tratando de presentar una excusa cuidadosamente racionalizada, yo me imagino al Señor diciéndome a mí: "De tal palo, tal astilla. Así es como tú me hablas a mí a veces." No obstante, Dios siente más amor, ternura y compasión aún por nosotros, que los que nosotros sentimos por nuestros propios hijos.

Contemplamos la gloria del Señor, fijando nuestra mente en la presencia y la persona de Jesucristo, *a cara descubierta*. Cada vez que contemplamos, aunque sea oscuramente, la gloria de Dios, es como si diéramos un pequeño paso en su gracia. Si usted y yo somos fieles y damos esos pequeños pasos, iremos experimentando gradualmente una transformación interna. Cada vez experimentaremos más esos aspectos de temblor, regocijo y besos de la gran gracia de Dios que describe el Salmo 2:11: "Servid a Jehová con temor, y alegraos con temblor" (Salmo 2:11).

Seremos transformados en la imagen misma de Cristo, en un esplendor siempre creciente, y de un grado de gloria a otro. La contemplación oscura es una contemplación fructífera. Es un *comienzo*.

DE GLORIA EN GLORIA

La mayoría de nosotros no discernimos que la gloria de Dios se halle presente en nosotros. Son muchas las veces que he pasado por alto las grandes cosas que Dios ha estado haciendo en mí y a través de mí. En realidad, me puedo identificar con un hombre desanimado que se llamaba Zorobabel. Su historia aparece en el libro de Zacarías.

Por fin, después de setenta años de cautiverio en Babilonia, se les permitió a los judíos que regresaran a su propia tierra, a Israel. Zorobabel fue nombrado gobernador de la nueva colonia. Zacarías, un joven profeta de linaje sacerdotal, se puso a su lado para darle ánimo en sus responsabilidades de líder.

Cuando el pueblo llegó a Jerusalén, lo primero que hicieron fue levantar el altar de los sacrificios. Después se dedicaron a poner los cimientos del nuevo templo en medio de aquellas imponentes ruinas. A partir de este punto, quiero presentarle una paráfrasis de Zacarías 4:6-10 al estilo Mike Bickle:

> Zorobabel había tratado de conseguir gente que trabajara en la reconstrucción del Templo, pero estaban tan desanimados, que nadie quería trabajar. Así que el gobernador se sentó deprimido sobre una gran piedra, mirando a los montones de ruinas que lo rodeaban, y que procedían de lo que había sido un gran templo antes de que el ejército de Babilonia lo destruyera.
>
> "¡Vaya, este lugar es un caos!", dijo Zorobabel soltando un

suspiro. "¿Por qué se nos ocurriría volver aquí? En esta ciudad no queda nada que haya merecido el esfuerzo de regresar. Piedras caídas y ruinas por todas partes. Este lugar es un desastre."

En ese mismo momento, el joven profeta Zacarías tocó a Zorobabel en el hombro. "Hola", le dijo alegremente. "¿Qué tal van las cosas?"

"¡Qué desastre!" gimió Zorobabel. "Hoy no vino nadie a trabajar. Aquí estoy yo, 'el gran restaurador de la tierra de Israel'. Se supone que levante este Templo para la gloria de Dios, pero no puedo inspirar a nadie para que trabaje en él."

"Zorobabel, Dios está contigo."

Levantando la mirada, Zorobabel puso en duda lo dicho: "¿Que Dios está con nosotros?"

"Por supuesto que sí. El mismo hecho de que ya no seas un cautivo, sino que estás aquí en esta tierra, es una evidencia de la gracia de Dios. Estás mucho más cerca de ver restaurado este lugar, de lo que crees que estás. Dios dice que tus manos han puesto los cimientos de esta casa, y tus manos lo terminarán. Pero tienes que hacer algo primero."

Zorobabel gimió y sacudió la cabeza.

"No, no, escúchame. Sí que puedes hacerlo. ¿Ves esa piedra que está allí, casi escondida entre la hierba y las malezas? Es la piedra final, la última piedra que se pondrá en el nuevo Templo. Es la última que el pueblo va a poner en su lugar; la piedra que significa que el edificio está terminado."

"Sí, muy bien. ¿Y qué?"

"Pues que Dios dice que le tienes que gritar: 'Gracia, gracia a ti'."

"¿A qué le tengo que gritar?"

"A la piedra."

"¿Le tengo que gritar a una piedra?"

"Escúchame, Zorobabel. Dios quiere que te diga esto: 'No con ejército, ni con fuerza, sino con mi Espíritu,'. Lo que tú tienes que hacer es poner tu confianza en la gracia de Dios. Por eso es por lo que tienes que gritar '¡Gracia!'. Venga, levántate, camina hasta allá y grita: '¡Gracia, gracia!'"

"Zacarías, yo sé que tus intenciones son buenas. Pero ya ahora estoy pasando trabajos para conseguir gente que me siga. Si me ven de pie allá afuera, en medio de la maleza, gritándole a una piedra..."

"Zorobabel, ¿vas a obedecer al Señor, o no? ¿Vas a confiar en su gracia, o no? ¡Dilo!"

"Está bien. Al fin y al cabo, ¿qué puedo perder? Lo voy a hacer. Allá voy: 'Gracia... Gracia...'"

"No, no. Así no vas a lograr nada. Tienes que *gritar*. Así, mira: ¡Gracia, gracia!"

El esfuerzo de Zorobabel no manifestaba demasiado entusiasmo. Después de un par de gritos fuertes, ambos se quedaron en silencio, contemplando la piedra. Por fin, Zacarías dijo: "¿Sabes lo que te pasa, Zorobabel? Que menosprecias los días de los comienzos, porque ahora es muy poco lo que puedes hacer."

Zorobabel no contesto. Zacarías siguió hablando: "Porque no ves que estén pasando grandes cosas a tu alrededor en estos momentos, te parece que estos días no tienen importancia. Los has alejado de ti como irrelevantes. Pero el hecho mismo de que estés aquí, en nuestra tierra, es el comienzo del mover de Dios. Y Él quiere realizar algo muy grande."

"A mí no me parece que Dios se esté moviendo."

"Eso es porque no te das cuenta de la forma en que Dios ve las cosas. Desprecias lo que está sucediendo ahora, porque te parece pequeño. Es pequeño, pero es real; es legítimo. Todos estos obstáculos, que te parecen una gran montaña, van a quedar totalmente allanados. Vas a ver el día en el que se termine este Templo, y se ponga la última piedra en su lugar. ¿Por qué esperar hasta ese último día grande y culminante, cuando se le den los toques finales al Templo, antes de comenzar a ver la validez que tiene tu trabajo? Comienza a alabar a Dios ahora mismo, y ten la confianza de que tus esfuerzos tienen sentido, incluso en estos días de unos comienzos tan limitados."

Lo que le sucedió a Zorobabel cuando estaba reconstruyendo el Templo, les sucede a muchos creyentes en la edificación de su propia vida espiritual. Comenten el error de pensar que están desperdiciando el tiempo, porque no ven ni sienten que esté pasando gran cosa cuando comienzan a buscar a Dios y a meditar en su Palabra.

Sin embargo, la transformación de gloria en gloria es una operación del Espíritu Santo en nuestro interior: en nuestra mente, voluntad y vida emocional. Consiste en que somos fortalecidos con poder por medio de su Espíritu en el hombre interior (Efesios 3:16).

Muchos cristianos sostienen la falsa idea de que la Palabra de Dios sólo funciona si nosotros tenemos diez horas al día para encerrarnos a leerla solos en una habitación. Lo cierto es que la Palabra de Dios fue escrita sobre todo para ese noventa y nueve por ciento de la raza humana que nunca va a estar en una posición pagada "a tiempo completo" dentro del ministerio.

Las promesas de Dios no son sólo para los ministros que reciben una compensación económica. También son para la persona común y corriente de la calle; la madre tensa que cuida de un pequeñuelo metido en la terrible época de sus dos años de edad; el camionero; el empleado de la tienda por departamentos; la secretaria; el comerciante agotado por las tensiones; el maestro de escuela y el abogado de los tribunales. La Palabra de Dios es para el creyente que ha caído en el pecado y lo ha perdido todo, con excepción de un corazón que sigue clamando por Dios.

Todos y cada uno de los cristianos podemos ser transformados progresivamente de gloria en gloria. El problema está en nuestra idea de lo que es la gloria. Tenemos el concepto de que las cosas no son gloriosas, a menos que experimentemos que toda la gloria cegadora y sin medida de Dios irradia desde su trono en los cielos. Hay quienes no pueden discernir lo real que es la presencia de la gloria de Dios.

La gloria de Dios no se limita a un encuentro con Él al estilo de la zarza ardiente. Tampoco es, como piensan algunos, cuestión de recibir, o toda la gloria, o ninguna. Hay una promesa que ha sido hecha a todos los creyentes: Seremos transformados de gloria en gloria. En las pequeñas y sutiles dimensiones que muchas veces pasan inadvertidas, también podemos experimentar una medida siempre creciente de esa gloria.

Supongamos que hace poco que usted es cristiano. El hecho de que piense ahora de manera distinta a como pensaba antes de ser salvo, es ya el comienzo de la obra que realiza la gracia de Dios en su vida. Antes de convertirse, habrá pensado muy raramente en las cosas que agradan a Dios. En cambio, ahora está experimentando un interés y una preocupación mayores por esas cosas. Ése es el principio de la gloria de Dios en su vida. Y no tiene nada de pequeño. Aunque sea sólo un principio, cuenta.

Hay creyentes que han dado el paso siguiente. Tienen ansias de crecer en su vida de oración. Anhelan poder comprender las Escrituras y alimentarse de ellas. Están tratando de ministrarles la persona de Jesús a sus compañeros y a sus hijos, o a la gente del trabajo. Aunque fallen, la sola presencia de esos anhelos es una manifestación de la gloria de Dios en su vida. Es la influencia y la obra del Espíritu Santo. No menosprecie esos comienzos limitados.

Los cristianos siempre estamos pensando formas de liberarnos del pecado. Por supuesto, no estamos buscando formas de cubrir el pecado y salirnos con la nuestra. Pero andamos por todas partes cabizbajos, sintiéndonos condenados porque aún no somos perfectos. El hecho de que seamos susceptibles de sentir esa condenación revela la profundidad de nuestro interés y anhelo por agradar a Dios. Debemos aprender a no reducir al mínimo nuestro anhelo de obedecer. Ese anhelo es una manifestación de la gloria siempre creciente de Dios en nuestra vida.

Esto es lo que estoy tratando de decir: La definición que tienen algunas personas sobre la gloria de Dios la presenta como algo tan fuera de nuestro alcance, que les parece que nunca la van a experimentar. Por consiguiente, estos creyentes llegan a la conclusión de que Dios no es real y de que la salvación no funciona en realidad. Sin embargo, todo el tiempo ha estado funcionando mucho mejor de lo que hemos llegado a discernir y comprender. Se están sacando los escombros del pasado. De forma lenta y segura, se están poniendo unos cimientos en Dios. Algún día, de esas ruinas se levantará un hermoso templo. Comience a gritar "¡Gracia, gracia!" ahora mismo. Tenga la seguridad de que "el que comenzó en nosotros la buena obra, la perfeccionará" (Filipenses 1:6).

Nunca subestime la gracia de Dios. Nunca menosprecie los días de los comienzos limitados. No diga: "Nunca voy a cambiar. Siempre voy a estar esclavizado a la lujuria, la ira y la codicia. Nunca voy a ser libre." La gloria de Dios ya está obrando en su vida. Dele gracias por el sincero anhelo que usted tiene de liberarse de los hábitos de pecado y caminar en el Espíritu. Esos comienzos tan limitados son pasos firmes en dirección a la madurez plena.

CAMBIADOS Y CAMBIANDO AÚN

El cambio es un proceso difícil. A lo largo de toda la historia de la Iglesia, la gente ha tratado de reducir el proceso de transformación a un conjunto mecánico de ejercicios de aerobia espiritual. Los católicos romanos y las denominaciones evangélicas tienen sus propias versiones de esta maquinaria de santificación.

Ésta es la buena noticia: La santificación y la transformación brotan de la *contemplación, y no del esfuerzo*. Yo hice cuanta cosa religiosa pude hallar, pero mi corazón no fue transformado sino hasta que comencé a *contemplar*.

Pablo tenía un celo mucho mayor que todos sus contemporáneos, pero todo lo consideraba como estiércol (Gálatas 1:14; Filipenses 3:4-8). Cuando contempló al Cristo resucitado, quedó transformado para siempre. Siendo católico, Martín Lutero se agotaba tratando de realizar todos los ejercicios que se le habían indicado para llegar a la santidad. Pero un día, tuvo una revelación de la gracia de Dios, y tanto él con la Iglesia no volvieron a ser los mismos jamás.

Tal parece como si el mundo cristiano se haya tirado de cabeza en un ciclo interminable de sermones, libros y cintas grabadas sobre recuperación, autoayuda y cómo hacer esto o aquello. La mayoría de ese material es útil, pero no debemos olvidar este punto tan importante: La transformación no se produce por el esfuerzo, ni por el uso de las técnicas psicológicas solamente. La transformación se produce cuando contemplamos las maravillas de Dios y nos consumimos con el verdadero conocimiento de Cristo. Esa ardiente pasión es la que quema y destruye muchos de los problemas que quedan aún del pasado, y pone las dificultades del presente en la perspectiva correcta.

Muchas personas toman unas resoluciones solemnes sobre lo que van a hacer a partir de este momento, o sobre lo que nunca van a volver a hacer. Pero, si Dios no nos cambia, siempre seremos los mismos. Aunque tengamos por costumbre obligarnos a nosotros mismos a orar en un lugar aislado, sólo Dios nos puede cambiar el corazón. Esto sucede cuando su gracia obra en nosotros. La gracia es el poder de Dios que nos capacita para hacer y ser más de lo que jamás podríamos con nuestras propias fuerzas. Pablo se refería a la gracia de Dios, indicando que era la fuente de todos sus logros:

> Pero por la gracia de Dios soy lo que soy; y su gracia no ha sido en vano para conmigo, antes he trabajado más que todos ellos; pero no yo, sino la gracia de Dios conmigo.
>
> —1 CORINTIOS 15:10

Han pasado dos décadas desde aquella noche en mi habitación, cuando Ase encendió la luz" para mí con respecto a la costumbre de hacer una oración devocional a la que le faltan sentimiento e inspiración. A lo largo de los años, he permanecido fiel a mi horario, añadiéndole más tiempo con el Señor a medida que mi hambre de intimidad con Él ha aumentado. Para mí, la costumbre de orar, la lectura de la Biblia y el ayuno no son unos ejercicios destinados a ganarme el favor de Dios. Mentalmente, la placa de mérito ha desaparecido, y mi relación con Dios ya no está orientada hacia mis propias actuaciones. El poder transformador de mi vida devocional se halla en la contemplación, aunque sólo pueda contemplar oscuramente.

En estos momentos, en realidad disfruto de la oración, y es algo *bueno*. Hasta les puedo hacer frente a los momentos sin unción. Me encanta leer, meditar y estudiar la Palabra. Testificar me produce gozo. Hasta he llegado a valorar la forma en que el ayuno me puede centrar más en el Señor y en las cosas eternas.

Son muchas las cosas que han mejorado dentro de mí. Ahora disfruto de las disciplinas espirituales que solía menospreciar. Al cabo de los años, he descubierto en mi corazón una resistencia mayor hacia algunas de las cosas pecaminosas y sin sentido que me solían gustar. Sigo encontrando en mis emociones y pensamientos algunas cosas que no me gustan. Creo que también en esos aspectos, el Espíritu Santo va a fortalecer y transformar mi hombre interior.

Es como si obtuviera la victoria sobre ciertos aspectos de pecado que son evidentes, cuando el "microscopio" del Espíritu está fijado para ampliar diez veces las cosas. Pero cuando su poder de ampliación está fijado para que se vean cien veces mayores, veo nuevas profundidades de mi carnalidad al mismo tiempo que crezco en el Espíritu. Pero no me desanimo. Mientras continúe mi comunión con Jesús, contemplándolo a través de la Palabra y en la oración, el proceso de transformación seguirá adelante. Estoy seguro de que Cristo se irá formando en mí continuamente, de una forma cada vez más plena (Gálatas 4:19).

Así que recuerde: No menosprecie los días de los comienzos limitados. Empiece a darle honra a Dios por cada uno de esos pasos transformadores, por pequeño o insignificante que le parezca. Y no deje que lo desanime la falta de inspiración al orar, o que haga que usted deje de buscar al Señor. Todo lo que Dios exige de nosotros es que lo "contemplemos oscuramente". La contemplación oscura es una contemplación fructífera. Con el tiempo, esa contemplación oscura va a bastar para transformarnos de gloria en gloria.

GASTAR LA VIDA
EN JESÚS

Hacia el suroeste de Jerusalén se encuentra un barranco estrecho y profundo, con unas pendientes paredes rocosas, conocido como el valle de Hinom, o "Gehenna". En el borde sur que domina el valle, el rey Salomón levantó un altar al dios Moloc, el cual era honrado por medio de la malvada costumbre de sacrificarles niños pequeños a los dioses del fuego. En este valle, Acaz y Manasés, reyes de Judá, sacrificaron a sus hijos varones, haciéndolos "pasar por el fuego". Al parecer, esta horrible práctica se mantuvo por un período de tiempo considerable.

El rey Josías intentó acabar con estas abominaciones, llenando de suciedad estos altares idolátricos, lo cual los hacía ceremonialmente inmundos. A partir de aquellos momentos, la Gehenna parece haberse convertido en la sentina comunal de Jerusalén. La ciudad vaciaba sus aguas negras en este valle, para que se la llevaran las aguas del torrente Cedrón. Dentro del valle se mantenían fuegos encendidos continuamente, para que consumieran la basura sólida que se depositaba allí. El valle se llenó de un irresistible hedor, y sirvió como receptáculo para la basura, los desechos y todo lo que pudiera contaminar la ciudad santa. Se convirtió así en símbolo del lugar de desperdicio, destrucción y castigo eterno. Los escritores apocalípticos judíos comenzaron a decir que este valle era la entrada al infierno. Más tarde, el nombre de "Gehenna" se convirtió en sinónimo del propio infierno.

La palabra *Gehenna,* que aparece doce veces en el Nuevo Testamento, siempre es traducida como "infierno". Es el nombre del lugar donde permanecerán eternamente Satanás, sus fuerzas malignas y los malvados, y donde recibirán su castigo definitivo. Jesús mismo usó con frecuencia este término para referirse al destino de los perdidos, y para lanzar una temible advertencia sobre las consecuencias del pecado.

En vista de todos estos datos, con frecuencia pienso en las palabras de Cristo que aparecen en Juan 3:16 bajo una luz diferente a la acostumbrada. La mayoría de nosotros podemos citar de memoria este versículo tan familiar: "Porque de tal manera amó Dios al mundo, que ha dado a su Hijo unigénito, para que todo aquel que en él cree, no se pierda, mas tenga vida eterna". Cuando decimos "no se pierda", pensamos automáticamente en la destrucción eterna del infierno. Sí, es cierto que Jesús proclamó un mensaje que podía liberar a la humanidad de perecer en ese basurero en llamas llamado "infierno", donde es arrojado todo lo que contaminaría a la Nueva Jerusalén, la ciudad santa de Dios. Pero las palabras de Jesús "no se pierda" también significa que Él quiere impedir que nos perdamos en otro sentido: que no tengamos que desperdiciar y malgastar nuestra vida ahora, aquí en la tierra.

Son muchos los creyentes que llevan una vida frustrante, sin sentido e inútil. Sí, claro; van a ir al cielo. Pero mientras tanto, están desperdiciando literalmente esta valiosa hora que Dios les ha concedido en la tierra.

Dios creó a la humanidad con unas capacidades y habilidades inmensas. Al hablar del ser humano, Hebreos dice: "Le coronaste de gloria y de honra, y le pusiste sobre las obras de tus manos; todo lo sujetaste bajo sus pies" (Hebreos 2:7-8). Dios tiene planes maravillosos para los redimidos. Anhela transformarnos a la imagen de su Hijo, y que impactemos para Él la vida de otros durante nuestra breve estancia en la tierra.

En la eternidad, su vida no se va a desperdiciar. Pero eso no impide que Satanás trate de hacer que desperdicie la vida que está llevando ahora en la tierra. Él quiere que usted falle, y que no alcance el potencial que tiene en Dios. Jesús nunca tuvo la intención de que los creyentes perecieran, en todos los sentidos de la palabra; ni en esta vida, ni en la venidera. Si Jesús dijo que todo aquél que *crea* en Él no se va a perder, ¿por qué vemos tantos cristianos que pierden esta vida a base de derrochar su tiempo en la tierra y sus talentos?

Debemos entender que la palabra *creer* significa mucho más que acudir a Dios una sola vez, en un momento de desesperación. La palabra *creer* implica un proceso continuo de acercamiento a Dios en fe y en obediencia, no sólo para evitar la destrucción eterna en el infierno, sino también para evitar el desperdicio de nuestra vida en la tierra, a base de experimentar ya ahora cuáles son los propósitos de Dios con respecto a él.

Yo quiero hacer cosas exorbitantes para Dios. Por amor y gratitud, quiero hacer lo que no me está exigiendo. Quiero que coseche de mi vida toda su herencia. ¡Qué trágico, qué doloroso, qué totalmente innecesario es que desperdiciemos nuestra vida en este mundo por medio del descuido, la pasividad y el afán por otras cosas.

Tanto usted como yo tenemos que estar vigilantes. Debemos permanecer bien despiertos en sentido espiritual. No debemos perder nuestro enfoque, ni dejarnos atrapar en relaciones incorrectas. El reino de Dios bien vale que permanezcamos alertas. No debemos cultivar ningún tipo de apetitos que puedan llegar a ser un obstáculo para nuestra vida espiritual, o a apagarla, no vaya a ser que en ese día suframos pérdida, y nuestra vida sea juzgada como estéril y desperdiciada.

UNA EXORBITANCIA MAL ENTENDIDA

Es algo raro, pero cuando tratamos con todo el corazón de hacer la voluntad de Dios y obedecerlo por completo, es frecuente que nuestra familia y amigos, e incluso personas que se hallan en posiciones de autoridad espiritual ¡las mismas personas que deberían saber mejor las cosas), nos juzguen equivocadamente y nos critiquen. Por ejemplo, los líderes religiosos de los tiempos de Jesús lo ridiculizaron y se le opusieron, y algunas veces, sus propios hermanos y hermanas lo juzgaron mal. Si eso fue lo que le sucedió a Cristo, los que le obedezcan fielmente también pueden esperar que los juzguen mal.

Esperamos que el sistema de valores del mundo esté muy descentrado, acostumbrado a poner el poder, el dinero y el prestigio por encima de todo lo demás. Sin embargo, el sistema de valores de la Iglesia también está descentrado. Por ejemplo, hay muchos cristianos que consideran lamentable que un joven creyente con una mente brillante o en medio del triunfo económico escoja renunciar a ciertos privilegios y ascensos a fin de vivir su tiempo y su vida en Dios de una manera más plena.

Muchos cristianos miran con desdén a los "fanáticos espirituales que se creen más santos que nadie", y que tienen un buen sueldo, pero han tomado la decisión de vivir con sencillez y verter sus recursos en el reino de Dios, en lugar de derrocharlo en ellos mismos, llevando un estilo de vida lujoso. Hay creyentes que critican y menosprecian a las madres cristianas que deciden quedarse en su hogar e invertir su vida en sus hijos, en lugar de invertirla en una carrera profesional, en clubes y en ropas. Los ejemplos de un sistema de valores mundano que han invadido a la Iglesia nos rodean por todas partes.

Recuerdo la desilusión que vi reflejada en muchos rostros cuando tomé la decisión de no estudiar medicina, sino entrar al ministerio. Al fin y al cabo, llegar a médico había sido mi meta durante años, y había trabajado duro para conseguirlo. "Pero Mike", me protestaba la gente, "Dios te ha bendecido con una mente clara, y siempre has sacado buenas notas. La Junta de la escuela de medicina ya te ha dado la seguridad de que se te va a aceptar en la escuela. También puedes trabajar para Dios siendo médico. Seguirías ayudando a la gente y, con los ingresos de un médico, le podrías dar grandes cantidades de dinero a la iglesia y ayudar a los necesitados. Mike, ¿predicador tú? ¡Qué desperdicio!"

Dios no nos llamó a usted y a mí a "triunfar"; nos llamó a ser *fieles*. Si Dios lo llama a estudiar medicina, es mejor que lo haga, porque allí es donde va a poder cumplir con sus propósitos más altos para la vida de usted. Si Dios le da capacidad para ser mecánico, abogado, camionero o maestro, entonces nunca va a ser totalmente fructífero cuando esté haciendo otra cosa. Dios no mide el éxito por el sacrificio, el suelo o los títulos universitarios; lo mide por la obediencia y la fidelidad. El mundo, e incluso algunos en la iglesia, tal vez lo miren, meneen la cabeza y suspiren mientras dicen: "¡Qué desperdicio!" pro al final, va a disfrutar de la sonrisa de Dios, su fertilidad y su recompensa.

¿POR QUÉ UN DESPERDICIO ASÍ?

Una mujer a la que yo considero entre los santos más grandes del Nuevo Testamento, fue acusada de "despilfarradora". La entrega a Jesús que manifestó ha fortalecido mi propia determinación muchas veces. Me encantan su fe, valor y sensibilidad ante las cosas de Dios. Espero con ansias el momento de conocer a María de Betania algún día en la ciudad eterna.

Los datos que tenemos acerca de María son pocos. Era la hermana de Lázaro y de Marta. Vivía en Betania, más o menos a un kilómetro y medio del monte de los Olivos, en la casa de su hermana Marta. Ella y su hermana aparece por vez primera en el capítulo diez de Lucas, donde Jesús la elogia a ella por haberse sentado a escuchar ávidamente cuanta palabra salía de sus labios. Ella había escogido "la buena parte", "la única cosa necesaria", mientras María, "preocupada con muchos quehaceres", se sentía turbada con todas aquellas preparaciones.

La siguiente mención de María aparece cuando se producen la muerte y resurrección de su hermano Lázaro. Después de esto, vemos a María una vez más en las Escrituras. Había pasado alrededor de un año desde que Jesús fuera huésped en la casa de Marta, y ella se quejara diciendo: "Señor, ¿no te da cuidado que mi hermana me deje servir sola? Dile, pues, que me ayude" (Lucas 10:40). Ahora, a sólo unos días de la crucifixión, Jesús había vuelto a Betania.

En esta ocasión, Jesús era huésped en la casa de Simón el leproso. Mateo nos dice que María, Marta y Lázaro estaban presentes. Juan añade: "Y le hicieron allí una cena; Marta servía" (Juan 12:1-2). Creo que en Marta y María tenemos representados los dos tipos de personas que hay en el cuerpo de Cristo. Ambos son válidos. Ambos son diligentes. Jesucristo los ama a ambos.

Ambos se pueden desequilibrar. Uno es el creyente orientado al servicio, y el otro es el creyente orientado a la comunión. El cuerpo de Cristo no podría funcionar bien si sólo tuviera uno de los dos tipos de creyentes.

Juan 12:1-9 y Marcos 14:3-9 describen lo que sucedió en Betania en la casa de Simón el leproso. Jesús, Lázaro y los demás estaban reclinados ante la mesa, mientras Marta servía. Aquel mismo día, Jesús les había dicho a sus discípulos que al cabo de dos días llegaría la Pascua judía, y que Él sería entregado para que lo crucificaran (Mateo 26:2), pero al parecer, sus palabras habían caído en oídos sordos. Todo el mundo estaba sentado comiendo, bebiendo y charlando alegremente. ¿Acaso no había oído nadie lo que Jesús había dicho? ¿O sería que nadie lo había comprendido?

Por lo que sucedió después, se ve que una persona sí lo había comprendido. Sin advertencia alguna, María apareció con un frasco de alabastro en el que había un costoso perfume: una libra de nardo puro que valía trescientos denarios, el salario de todo un año. Antes de que nadie pudiera detenerla, María, siguiendo una costumbre judía según la cual las personas pudientes ungían el cuerpo de sus seres amados con un aceite de gran precio antes de sepultarlo, quebró el cuello del frasco y comenzó a derramar su valioso contenido sobre la cabeza de Cristo, y a ungirle los pies. Al instante se hallaba arrodillada delante de Él, enjugándole los pies con su cabello, mientras la fragancia de aquel perfume llenaba toda la casa.

Por un momento, todos los que estaban en aquella sala se quedaron mudos en sus asientos. Entonces, las airadas objeciones de Judas Iscariote rompieron su estupefacto silencio: "¿Por qué no fue este perfume vendido por trescientos denarios, y dado a los pobres?", reclamó. Juan revela los verdaderos motivos e intenciones que tenía aquel discípulo para protestar: "Pero dijo esto, no porque se cuidara de los pobres, sino porque era ladrón, y teniendo la bolsa, sustraía de lo que se echaba en ella." (Juan 12:6).

Judas no fue la única persona que criticó aquel extravagante despliegue de entrega por parte de María. Entre los presentes hubo otros que también la reprendieron. Marcos dice que "se enojaron dentro de sí, y dijeron: ¿Para qué se ha hecho este desperdicio de perfume?" (Marcos 14:4-5).

Con frecuencia, ésa es la reacción de la gente a la que Jesús "les cae bien", pero no lo aman profundamente. Todo lo que vaya por encima del mínimo; todo lo que tenga un valor especial y se le ofrezca a Él—ya sea un notable talento musical, una mente brillante o todo el corazón de una persona—, lo consideran como un desperdicio innecesario. Hay un fuerte contraste entre la entrega de María y la superficialidad de la consagración que tienen estos seguidores de Cristo.

Cuando uno comienza a amar a Jesús como María de Betania lo amó, tarde o temprano habrá quien lo va a reprender. De eso puede estar seguro. Sólo porque las personas tengan un nombre reconocido, una alta posición y un grandioso ministerio, eso no siempre significa que tengan el corazón lleno de afecto.

Cuando Jesús comenzó a hablar, se calló todo el clamor que había alrededor de aquella mesa en la casa de Simón. Por supuesto, Él iba a regañar a María por ser tan imprudente. Al fin y al cabo, ¿acaso no había enseñado el Maestro acerca de aquel hijo pródigo que había malgastado sus bienes con una vida disipada, y acerca del mayordomo que había gastado las posesiones de su amo? Después de alimentar a los cuatro mil y a los cinco mil, ¿acaso no les había dado a sus discípulos la orden de que recogieran en grandes canastos todos los pedazos de pan y los peces que habían sobrado, para que no se desperdiciara nada? ¡Estaban seguros de que María estaba a punto de recibir el regaño más fuerte de toda su vida!

La reacción de Jesús dejó al grupo casi tan perplejo como lo habían dejado las acciones de María:

> Pero Jesús dijo: Dejadla, ¿por qué la molestáis? Buena obra me ha hecho. Siempre tendréis a los pobres con vosotros, y cuando queráis les podréis hacer bien; pero a mí no siempre me tendréis. Esta ha hecho lo que podía; porque se ha anticipado a ungir mi cuerpo para la sepultura. De cierto os digo que dondequiera que se predique este evangelio, en todo el mundo, también se contará lo que ésta ha hecho, para memoria de ella.
>
> —MARCOS 14:6-9

"Tomás, déjala tranquila. Mateo, deja de regañarla. Felipe, no le digas ni una palabra más. Judas, Pedro, siéntense. Lo que hay realmente en el corazón de María se acaba de revelar, tal como va a pasar muy pronto con ustedes. Yo sé muy bien por qué ella hizo lo que hizo, y fue algo bueno. Esta mujer ha hecho todo cuanto podía hacer por mí."

Hoy en día son muchos los cristianos que ni siquiera reconocen todos los nombres de los doce apóstoles de Cristo que estaban presente, y es muy probable que la reprendieran en esa ocasión. Sin embargo, aún escuchamos sermones acerca de María de Betania y su acto de entrega. Tal como dijo Jesús, "dondequiera que se predique este evangelio, en todo el mundo, también se contará lo que ésta ha hecho, para memoria de ella" (Marcos 14:9).

Tanto María como Marta le ministraron a Jesús aquel día. Haciendo un gran esfuerzo por preparar un banquete digno del Maestro, Marta le sirvió a su Señor un festín natural. María le preparó a Jesús un festín espiritual; algo que Él pudiera disfrutar y en lo que se pudiera deleitar, sólo dos días antes de tener que soportar las peores horas de toda su existencia: desde la eternidad pasada hasta la eternidad futura. María le dio a Jesús algo que procedía de su corazón, y que Él podría llevar consigo a la cruz.

DAR SIN PREOCUPARSE POR EL COSTO

No hay regla alguna que diga que todos nosotros tengamos que vaciar nuestra cuenta de banco, cerrar las puertas de nuestro negocio y tomar el próximo avión con destino al África. Nunca cometa el error de pensar que Jesús nos exige que seamos extravagantes. Todo lo que Él exige es la simple entrega de nuestro corazón en amor y obediencia; que tomemos nuestra cruz y lo sigamos.

Hay gente rica que pude disfrutar de los lujos de la extravagancia: vivir y dar sin preocuparse por el costo. Tal vez nunca tengan que mirar los precios de las cosas. Pueden desperdiciar, si eso es lo que quieren, y nunca sentir los efectos en su economía. No les importa, porque aún les queda mucho. Pero con María no fue lo mismo. Es muy probable que ella sí sintiera los efectos económicos de su costoso sacrificio por el resto de su vida. Sin embargo, aquella mujer quebró el más valioso de sus tesoros terrenales y lo derramó gozosa sobre el Tesoro más valioso de los siglos, que estaba a punto de ser quebrado por ella.

¿Cómo cree que una joven como María habría adquirido un frasco de perfume que costaba el salario de todo un año? En estos pasajes no hay nada que indique que Marta, María y Lázaro fueran ricos. No obstante, el hecho de que la casa que se menciona en el capítulo décimo de Lucas sea llamada "la casa de Marta", sí indica varias cosas. O Marta era viuda y había heredado la casa de su difunto esposo, o los padres de Marta, Lázaro y María habían fallecido y le habían dejado la casa a Marta, por ser ella la mayor. ¡Según la costumbre judía, si Lázaro hubiera sido el mayor, la casa hubiera pasado a ser propiedad de él). También nos hace preguntarnos si tal vez aquel costoso perfume no habría sido dejado a María como parte de su herencia, recibida de sus difuntos padres. De haber sido así, el perfume debe haber representado la seguridad económica de María para su presente y para su futuro. No tenemos forma de saber estas cosas con seguridad, pero hay algunas que son ciertas: El perfume era propiedad de María, y era muy costoso.

Estoy seguro de que más tarde, los amigos y parientes de María se le acercarían preocupados para preguntarle: "¿Qué va a ser de ti en el mañana, María? Ahora ya no tienes seguridad alguna."

Yo me la imagino contestándoles: "Lo tengo a Él, y con eso me basta. Mi futuro está en sus manos. Hace cosa de un año, Jesús me dijo que yo había escogido la mejor parte, y que no me sería quitada, y estoy poniendo mi confianza en lo que Él dijo" (Lucas 10:42).

LA AMISTAD CON JESÚS

Un día, mientras estaba sentado, meditando en lo que nos dicen las Escrituras sobre María de Betania, me di cuenta de que en cada una de las tres ocasiones en las que aparece esta joven en el Nuevo Testamento, termina a los pies de Jesús. (Vea Lucas 10:39; jn11:2; 12:3). Teniendo en cuenta la profundidad de la entrega a Jesús que vemos en la vida de María, ¿es de asombrarse que Jesús amara a María, a Marta y a Lázaro, y que apreciara su afecto y su amistad tan especiales?

Betania sólo estaba a cerca de kilómetro y medio de Jerusalén, una caminata de veinte minutos. Seis días antes de la Pascua judía, Jesús recorrió esa distancia hasta la casa de María, Marta y Lázaro allí en Betania.

¿Por qué decidió pasar los seis últimos días de su vida terrenal con ellos? ¿Por qué no fue con Nicodemo, distinguido fariseo, "principal entre los judíos" y miembro del Sanedrín, el senado espiritual y político de Israel? Habría podido utilizar aquel tiempo para compartir sus estrategias y propósitos con aquel hombre influyente, edificándolo espiritualmente y capacitándolo para permanecer firme en su estratégica posición durante los difíciles días que se avecinaban.

¿Por qué no se quedó Jesús con Silas, o con Bernabé, líderes de la Iglesia naciente desde sus orígenes, hombres que vivían en Jerusalén y que más tarde viajarían y ministrarían con el apóstol Pablo? ¿Por qué no se quedó en la casa de José de Arimatea, acaudalado discípulo que habría podido financiar muchas cosas para la Iglesia de Jerusalén, o con Matías, que más tarde sería escogido para ocupar el ministerio y el apostolado que Judas Iscariote dejaría vacantes? ¿Por qué no fue al lugar donde estaba parando su propia madre?

De los quinientos seguidores a los cuales se les aparecería después de su resurrección, y de los ciento veinte que estarían presentes en el aposento alto el día de Pentecostés, ¿por qué decidió Jesús pasar los días de vida que le quedaban en la casa de Marta, María y Lázaro? Tal vez una de las razones fuera que sus discípulo podrían servir como cerco protector alrededor de Lázaro, ya que los jefes de los sacerdotes que estaban tramando la muerte de Cristo también estaban planeando matar a Lázaro (Juan 12:10). Sin embargo, me siento inclinado a creer que su razón principal fue que aquellos tres amigos suyos lo amaban con una gran entrega y creían firmemente que Él era el Cristo; el Mesías. Su casa era un santuario de paz, afecto y descanso. Era un lugar donde podía descansar, sentirse totalmente aceptado y amado, y fortalecerse para los terribles días que le esperaban.

La gente de aquel hogar se consumía de amor por Jesús. Marta y Lázaro eran amigos leales y entregados, y María era una persona cuyo corazón sentía lo que sentía el de Él. Sus atentos oídos eran capaces de captar el significado de sus palabras veladas. Era una amiga que nunca había participado en las discusiones de los discípulos sobre cuál de ellos era el mayor; nunca le había tirado de la manga para pedirle el privilegio de sentarse a su diestra en el reino. Sólo era María, su dedicada amiga. Una mujer que se daba cuenta del privilegio tan incalculable que significaba el simple hecho de sentarse a sus pies, deleitarse en la belleza de su presencia y beberse cada una de sus palabras.

Tal vez María no haya sido ungida nunca para predicar, ni para realizar señales y prodigios, pero sí recibió la unción de un corazón capaz de llorar. Las Escrituras nunca dicen que María de Betania tuviera un ministerio prominente, como lo tuvieron otros. Pero durante los últimos días de Cristo antes del Calvario, el hermoso espíritu adorador de aquella mujer le debe haber ministrado grandemente al Hijo de Dios.

DERROCHAR NUESTRA VIDA EN JESÚS

Jesucristo ama al mundo y ama a la Iglesia, pero hay un pan especial con el que alimenta en privado a quienes lo aman a Él. Hay un maná divino que reserva para los que se derrochan extravagantemente en su presencia.

Ninguno de nosotros tiene opción alguna cuando se trata de si vamos a derrochar nuestra vida, o no. La única opción que tenemos es decidir cómo la vamos a derrochar. Todos nosotros, o derrochamos la vida en el pecado y las concesiones al mundo, la pasividad y los cuidados de esta vida, o la derrochamos en Jesús. Podemos derrochar la vida sirviendo al diablo y terminar metidos en un basurero ardiente llamado infierno, o derrochar nuestra vida y recursos en Jesús, tal como hizo María, acumulando así un tesoro en los cielos, donde no corrompen ni la polilla ni el orín, y donde los ladrones no se pueden meter a robarlo. Señor, danos gracia para vivir como María.

¿Cómo se hace para derrochar la vida en Jesús? Es fácil. No es ningún secreto. Tome la decisión en su mente, y su corazón lo seguirá. Entre a su presencia. Rechace el pecado. Clame a Él en oración. Levante el alma a Él en adoración. Lea y medite la Palabra hasta que tenga el corazón lleno de las cosas que llenan el corazón de Dios. Abandónese por completo en sus manos, porque la intimidad con Dios exige tiempo, y no hay sustituto alguno para la costumbre de esperar en su presencia. Al igual que María, decídase a prescindir de algunas cosas de menor importancia entre las que pasan a su alrededor, a fin de tener más tiempo para cultivar una relación con Él. Derrame pródiga y exorbitantemente su vida como libación ofrecida en el santo altar de Dios. Déjese quebrantar y derramar por Aquél de valor incalculable cuyo cuerpo fue quebrantado, y cuya preciosa sangre fue derramada por usted.

¡Señor Jesús, quiero ser derramado y usado para ti en un dulce abandono!

¿Es ésa su oración? Entonces, arregle de nuevo su horario, de manera que tenga tiempo para Él.

¿Por qué no me toma de la mano y me acompaña por un instante? Deténgase aquí y mire a través de la puerta que Juan nos abrió hacia ese mundo invisible. Es el mundo en el cual usted y yo podríamos estar viviendo mañana; el mundo donde vamos a estar viviendo dentro de diez mil millones de años.

¡Allí! ¿Lo ve? ¡Un trono rodeado por un arco iris! Sentado en el trono se halla el que vive para siempre. En medio de las siete lámparas de fuego que arden ante el trono, ¿ve esos seres alados que tienen un aspecto tan extraño para nuestros ojos? ¿Los puede oír mientras gritan: "Santo, santo, santo"? Ahora, observe. Cuando los seres vivientes le dan gloria, honor y gratitud al que era, y es, y ha de venir, los veinticuatro ancianos con vestiduras blancas se postran ante el trono para adorar a Dios.

¿Lo ve? Es el Cordero, el que compró a los hombres para Dios con su propia sangre y los convirtió en un reino y sacerdotes para Él. Allí está. ¡Mire! ¡Escuche! Alrededor del trono, de los seres vivientes, de los ancianos y del Cordero, hay miles y miles de ángeles, y todos claman diciendo: "Al que está sentado en el trono, y al Cordero, sea la alabanza, la honra, la gloria y el poder, por los siglos de los siglos" (Apocalipsis 5:13). ¿Los oye? ¿Puede ver esa gran nube de testigos, formada por los creyentes de todos los tiempos, reunidos como una sola y poderosa nación?

¿Le gustaría caminar hasta el trono para inclinarse ante él? Lo podemos hacer. No tenemos que echarnos atrás por temor o por vergüenza. Allí mismo, al lado del Padre, se halla Cristo, nuestro sumo sacerdote. Él comprende nuestras debilidades e imperfecciones. Entiende lo que es estar sometido al ataque de las tentaciones, porque Él también ha sido tentado en todos los aspectos en los que somos tentados nosotros, aunque no pecó.

No tenemos necesidad de actuar con timidez. No estamos invadiendo suelo prohibido. De hecho, hemos sido *invitados* a entrar. Yo mismo he leído esa invitación, y dice que *nos podemos acercar sin temor, confiada y valientemente* al trono de gracia de Dios para recibir misericordia por nuestros fallos y hallar la gracia que nos va a ayudar en nuestros tiempos de necesidad (Hebreos 4:14-16).

Puesto que hemos sido invitados, yo me acerco con frecuencia al trono para meditar, para contemplar, para que mi espíritu entre en contacto con la majestad, la eternidad y la santidad de nuestro glorioso Rey, y para poner las cosas de la tierra en una perspectiva eterna. Llevo conmigo mis necesidades y preocupaciones, mis confesiones y compromisos, mis ruegos y mis logros, y se los presento a Él. Entonces, los contemplo mientras ascienden como incienso de fragante olor ante el Señor.

Antes de irnos, arrodillémonos juntos por un instante... aquí, delante del trono.

Gracias Dios por Mike, bendicelo por favor especialmente porque por medio de el he aprendido cosas nuevas, me ha abierto los ojos y me ha surgido una gran ilusion por amar a tu hijo como a nadie. Te amo Jesús y voy a encontrar esa Pasion por ti, se que lo voy a lograr. Yo. Ivonne

Enero 18, 2009

·············

NOTAS

CAPÍTULO 3: ¿ES DEMASIADO PEQUEÑO SU DIOS?

1. J. I. Packer, *Knowing God* ["Conocer a Dios"] (Downers Grove, Ill: InterVarsity Press, 1973), p. 6.
2. A. W. Tozer, *The Knowledge of the Holy* ["El conocimiento del Santo"] (Nueva York: Harper Collins Publishers, 1961), p. 76.
3. Ibíd., p. 23.
4. Ibíd., pp. 129, 131.

CAPÍTULO 4: DEL CONOCIMIENTO ÍNTIMO
AL AMOR APASIONADO

1. William Wordsworth, "The world is too much with us" ["Hay demasiado mundo en medio de nosotros"], en *Sound and Sense* ["Sólido y con sentido"], Laurence Perrine y Thomas R. Arp (Orlando, FL: Harcourt Brace Jovanovich College Publishers, 1992), pp. 46-47.

CAPÍTULO 5: "HONRAD AL HIJO, PARA QUE NO SE ENOJE"

1. C. H. Spurgeon, *The Treasure of David: An Expository and Devotional Commentary on the Psalms* ["El tesoro de David: Un comentario expositivo y devocional de los Salmos"], voluntad. 1 (Grand Rapids, MI: Baker Book House, 1983), p. 11.
2. Ibíd.

CAPÍTULO 6: FORTALEZAS EN LA MENTE

1. A. W. Tozer, *The Knowledge of the Holy*, p. 6.
2. Merrill F. Unger, *Unger's Bible Dictionary* ["Diccionario bíblico de Unger"] (Chicago, IL: Moody Press, 1966), p. 378.
3. Tozer, *The Knowledge of the Holy*, p. 6.

CAPÍTULO 10: EL CONOCIMIENTO DE DIOS
HASTA LOS CONFINES DE LA TIERRA

1. Iain Murray, *Puritan Hope* ["La esperanza puritana"] (Carlisle, PA: Banner of Truth, 1979).

CAPÍTULO 11: LAS BENDICIONES DE LA INTIMIDAD

1. J. I. Packer, *Knowing God*, p. 194.

CAPÍTULO 12: CONTEMPLAR EL TRONO DE DIOS

1. Tozer, *The Knowledge of the Holy*, p. 123.
2. Helen H. Lemmel, "Turn Your Eyes Upon Jesus" ["Vuelve tus ojos a Cristo"], derechos de autor 8 1922 Singspiration Music, Inc. Reservados todos los derechos. Usado con permiso de Benson Music Group, Inc.